cakes maison

W0211244

Ilona Chovancova
Photographies de Pierre Javelle

cakes maison

110 recettes de cakes sucrés / salés

MARABOUT

AVANT-PROPOS

ENVIE D'UN PETIT CHANGEMENT DANS VOTRE MENU? C'EST FACILE! 'MISTER CAKE' EST LA POUR VOUS AIDER. IL EST RAPIDE ET SIMPLE A PREPARER: ON CASSE, ON BAT, ON MELANGE ET ON ASSAISONNE. VOILA, C'EST TOUT... ENFIN PRESQUE. IL NE FAUT QUAND MEME PAS RATER LA CUISSON.

IL SUFFIT D'AVOIR QUELQUES OEUFS, UN PEU D'HUILE OU DE BEURRE, DU LAIT, DE LA FARINE, QUELQUES EPICES OU HERBES FRAICHES. ON MELANGE TOUT DANS L'ORDRE OU DANS LE DESORDRE, PEU IMPORTE, ET HOP, AU FOUR.

VOUS L'AIMEZ CHAUD, TIEDE OU FROID, LE MATIN, A MIDI OU LE SOIR? C'EST COMME VOUS VOULEZ. UN CAKE A LA FARINE COMPLETE POURRA TRES BIEN REMPLACER LE PAIN AU PETIT DEJEUNER AVEC UN PEU DE CONFITURE. POUR UN DEJEUNER RAPIDE, FAITES-VOUS UN SANDWICH AVEC DES TRANCHES DE CAKE SALE; LE SOIR, SERVEZ-LE AVEC UNE SALADE. OU BIEN EN PETITES BOUCHEES A L'APERITIF. VOUS POURREZ MEME LE DEGUISER DE LA TETE AUX PIEDS POUR UN BIRTHDAY CAKE.

A VOUS LA CREATIVITE! TROUVEZ UN INGREDIENT QUI VOUS PLAIT, AJOUTEZ-EN UN AUTRE, ET VOILA, 'MISTER CAKE' EST NE.

IL NE ME RESTE PLUS QU'A VOUS DIRE: A VOUS LES CAKES! ET... AMUSEZ-VOUS BIEN.

ILONA

* LES ASTUCES *

LES BONS USTENSILES

POUR FAIRE UN CAKE, VOUS N'AVEZ PAS BESOIN D'UN GRAND SAVOIR-FAIRE NI DE BEAUCOUP D'USTENSILES. ASSUREZ-VOUS QUE VOUS AVEZ LE NÉCESSAIRE. S'IL Y A TOUT CE QU'IL FAUT, VOUS POUVEZ COMMENCER.

CHECK-LIST

Avant de vous lancer dans la préparation d'un cake, vérifiez qu'il ne vous manque rien de la liste qui suit :

- un grand saladier pour mélanger tous les ingrédients
- un fouet pour battre les œufs
- une cuillère en bois pour mélanger le tout
- une râpe, si vous faites un cake aux fruits ou aux légumes râpés
- et, bien sûr, un moule à cake (de votre choix)

Alors, vous avez tout ça ? Euh… Il vous manque juste le moule ? Ce n'est vraiment pas un problème.

PAPIER SULFURISÉ

Pensez aussi à utiliser du papier sulfurisé, rien n'y attache. Il peut également apporter une touche décorative. Pour qu'il adhère parfaitement aux parois du moule, froissez-le légèrement et mouillez le moule.

UN MORTIER ET UN PILON

Un ustensile devenu indispensable dans ma cuisine. Je m'en sers pour broyer grossièrement toutes sortes de noix, biscuits, chocolat. Je l'utilise également pour réduire en poudre les graines d'épices comme le poivre, la coriandre, l'anis, le clou de girofle, la cardamome et pour préparer un pesto ou des petites sauces à base d'herbes fraîches.

LES MOULES

Il en existe plein, vous n'aurez que l'embarras du choix : en silicone, à revêtement antiadhésif, dépliables ou tout simplement en aluminium. Un moule rectangulaire pour un cake classique, un grand format ou en portions individuelles, ronds, carrés ou encore en petits cœurs… À vous de choisir suivant vos envies et les occasions.

PRÉPARER LE MOULE

Quel que soit votre moule, préparez-le avant d'y verser la pâte à cake. Cela vous permettra de démouler le cake facilement après la cuisson.

Moules en silicone

Ce sont les plus pratiques et les plus faciles à utiliser. Il suffit de passer une feuille de papier absorbant imbibé d'huile et le moule est prêt. Vous pouvez être sûr que votre cake se démoulera sans le moindre problème. En ce qui concerne l'entretien, lavez-les à la main et non pas au lave-vaisselle, sinon ils vont attacher.

Moules à revêtement antiadhésif

Si le revêtement n'est pas abîmé (sans trop de rayures), pour les cakes salés, il suffit juste de les graisser. En revanche, pour les cakes sucrés, je vous conseille fortement de les graisser et de les fariner car le sucre a tendance à accrocher. Il est donc parfois difficile de les démouler correctement.

Moules en aluminium

Il est nécessaire de les graisser et de les fariner pour tous les types de cakes.

Moules individuels

Ils sont parfaits pour des pique-niques, pour des fêtes maison ou pour les goûters de vos enfants. Sachez que la quantité de pâte pour un moule de 26 cm de long permet de faire 6 cakes individuels dans des moules à muffin.

2500
2000
1500
1000
500

FAIRE CUIRE, DÉMOULER, CONSERVER...

LA CUISSON

Le temps de cuisson est donné à titre indicatif pour un four électrique de base : 50 minutes pour les cakes salés et 40 minutes pour les cakes sucrés.

Pour les fours à chaleur tournante, vous pouvez en général diviser le temps de cuisson par deux.

Si vous utilisez des moules individuels, le temps de cuisson sera plus court. Comptez entre 20 et 25 minutes.

Si le cake brunit trop rapidement, couvrez-le avec une feuille de papier d'aluminium.

VÉRIFIER LA CUISSON

Je vous conseille d'avoir toujours sous la main une pique en bois (vous en trouverez au rayon des ustensiles jetables). Enfoncez la pique au milieu du cake. Si la pointe en ressort sèche, le cake est cuit. Sortez-le du four et laissez-le refroidir avant de démouler. En revanche, si un peu de pâte liquide est restée collée sur le bois, prolongez la cuisson. Vous pouvez aussi vous servir d'un couteau pour vérifier la cuisson du cake.

MA TECHNIQUE POUR DÉMOULER...

... un cake salé

Avant de démouler un cake salé, attendez qu'il ait refroidi complètement. Cela vous évitera de le casser. Si vous utilisez des moules en aluminium ou à revêtement antiadhésif, passez la lame d'un couteau autour du cake puis tirez-le vers vous.

... un cake sucré

Il est plus facile de démouler un cake sucré lorsqu'il est encore tiède, sauf si vous utilisez un moule souple en silicone. Pour les moules en aluminium ou à revêtement antiadhésif, il vaut mieux le « décoller » du moule à l'aide de la lame d'un couteau que vous passerez autour du cake puis tirez-le vers vous.

CONSERVER LE CAKE

S'il vous reste du cake, ce qui n'arrive pas souvent, vous pouvez le conserver au réfrigérateur pendant trois jours. Sortez-le une demi-heure avant de le manger pour le ramener à température ambiante.

HISTOIRE DE FARINE

POUR MES CAKES, J'UTILISE EN GÉNÉRAL DE LA FARINE BLANCHE DE TYPE 45. ELLE EST FAITE À PARTIR DE BLÉ TENDRE. LORSQUE VOUS UTILISEZ CETTE FARINE, VOS CAKES SONT TRÈS LÉGERS ET LÈVENT FACILEMENT.

J'AIME AUSSI MÉLANGER LA FARINE DE BLÉ AVEC D'AUTRES FARINES. CELA PERMET DE VARIER LES GOÛTS.

FARINE COMPLÈTE

Fabriquée à partir de grains de blé entiers, elle est plus riche en fibres. Elle peut remplacer la farine blanche. Le cake sera un peu plus foncé et sa saveur plus prononcée.

FARINE DE CHÂTAIGNE

Elle a un petit goût sucré et rend les cakes plus foncés. À mélanger avec de la farine de blé en proportion 1/3 de farine de châtaigne et 2/3 de farine de blé.

FARINE DE SARRASIN

Fabriquée à partir de blé noir, ou sarrasin, cette farine ne contient pas de gluten. Elle ne lève pas à la cuisson. Pour la préparation d'un cake, il vaut mieux la mélanger avec de la farine de blé.

FARINE DE SEIGLE

Elle ne contient pas de gluten. Elle est souvent utilisée pour les pains ou les pains d'épices. Elle rend une pâte collante et peu élastique. Il est donc préférable de la mélanger avec de la farine blanche.

FARINE DE MAÏS

Pauvre en gluten. Cette farine ne levant pas facilement, mélangez-la avec de la farine de blé. Elle colore les cakes d'une très jolie teinte jaune.

FARINE D'ÉPEAUTRE

Elle est très digeste et apporte aux cakes un léger goût de noix très agréable. Vous pouvez l'utiliser seule car elle lève facilement ou l'associer à de la farine de blé.

Toutes ces farines sont faciles à trouver dans le commerce : au rayon bio du supermarché ou dans les magasins bio.

CAKE POULET CURRY * CAKE POMME RAIFORT * CAK
MAÏS CHORIZO * CAKE OLIVES THYM CITRON * CAK
CORIANDRE * HARICOTS VERTS, FETA ET TOMATE
COURGETTES ET SÉSAME NOIR * BETTERAVES
PARMESAN * CAKE AU PANAIS ET AU THYM * CAK
CAKE COURGETTE CAROTTE * CAKE MARRONS C
HARICOTS VERTS, FETA ET TOMATES SÉCHÉES * LA
JULIENNE DE COURGETTES ET SÉSAME NOIR * BE
COURGETTES PARMESAN * CAKE AU PANAIS
CAROTTES LARDONS * CAKE COURGETTE CAROT
CAKE AUX LÉGUMES GRILLÉS * CAKE PIMENTÉ
CHAMPIGNONS PERSIL * CAKE OSEILLE CREVETTES
AUBERGINE MENTHE * CAKE ÉPINARDS POIS
* CAKE AU CROTTIN DE CHÈVRE * CAKE AU FROMAG
ET AUX HERBES CAKE JAMBON SAUGE * CAKE FIGU
ANETH * CAKE AU CONFIT DE CANARD * CAKE ITAL
CAKE BRETON * CAKE THAÏ * CAKE FAÇON SUS
CAKE AUX TOMATES SÉCHÉES * CAKE AUX ACHARD
CAKE AU PESTO DE CÈPES * CAKE POULET CURRY *
PAVOT MAÏS * CAKE MAÏS CHORIZO * CAKE OLI
CERISES, ÉCHALOTE ET CORIANDRE * HARICOTS VERT
* JULIENNE DE COURGETTES ET SÉSAME NOIR * B
COURGETTES PARMESAN * CAKE AU PANAIS ET AU

* LES CAKES SALÉS

CRÉER SON PROPRE CAKE

TOUT LE MONDE SAIT QUE RÉUSSIR UN PLAT DÉTOURNÉ OU ACCOMMODÉ SELON SON PROPRE GOÛT PEUT APPORTER BEAUCOUP DE SATISFACTION.

JE VOUS PROPOSE ICI QUELQUES CONSEILS POUR RÉUSSIR VOS CAKES PERSONNALISÉS. SACHEZ QUE LES INGRÉDIENTS QUE VOUS AJOUTEREZ À LA PRÉPARATION DE BASE NE DOIVENT PAS DÉPASSER 300 G AU TOTAL.

LA RECETTE DE BASE

Préparation 15 minutes
Cuisson 50 minutes

180 g de farine
3 œufs
10 cl de lait demi-écrémé
10 cl d'huile végétale
100 g de gruyère râpé
1 sachet de levure chimique
sel, poivre

Préchauffez le four à 180 °C.

Dans un saladier, battez légèrement les œufs avec l'huile et le lait. Ajoutez la farine et le gruyère. Salez et poivrez. Mélangez. Incorporez délicatement la levure. Versez la pâte dans le moule et enfournez aussitôt. Faites cuire 50 minutes environ. Avant de démouler, laissez le cake refroidir.

ASSOCIATIONS CLASSIQUES

Avant de vous lancer dans des inventions compliquées, commencez par les associations classiques connues de tous. Cela vous évitera toutes sortes de déceptions et vous encouragera pour la suite.

quelques idées

épinards / noix de muscade

poulet / curry

saumon / aneth

moutarde / estragon

champignons / persil

IDÉES ORIGINALES

Progressivement, vous vous lancerez spontanément dans des associations moins connues et plus originales. Faites une analyse de vos plats fétiches et essayez de trouver les ingrédients phare que vous pourrez utiliser dans vos cakes. Tentez les mélanges de couleurs : vert / noir, orange / vert, vert / jaune, jaune / noir.

Lors de vos voyages à l'étranger, notez les produits, les épices ou les mélanges que vous avez aimés, et une fois de retour à la maison, essayez de reproduire ces associations.

LAIT

Pour les cakes complets et sucrés, j'utilise souvent du lait fermenté (babeurre). Il donne au cake un goût légèrement aigre et se mélange facilement avec l'huile et le beurre car c'est un émulsifiant naturel. Il est aussi plus digeste que le lait.
On peut le remplacer par du lait frais dans lequel vous aurez mis quelques gouttes de jus de citron ou de vinaigre. Vous trouverez le lait fermenté au rayon lait frais ou dans les épiceries orientales. Mais vous pouvez aussi utiliser du lait demi-écrémé ou encore du yaourt ou de la crème fraîche.

HUILES

Vous pouvez utiliser les huiles végétales courantes fabriquées à partir d'une seule plante (tournesol, colza, arachide...) ou d'un mélange (type « Isio4 »). Elles ont un goût neutre et sont de couleur claire.

Si vous souhaitez réaliser des cakes aux goûts plus surprenants, essayez l'huile de noix, de noisette ou l'huile d'olive. Ces huiles donneront une touche d'originalité et un goût subtil à vos cakes.

HERBES

Choisissez de préférence les herbes fraîches car elles sont plus savoureuses que les herbes congelées ou séchées. De plus, elles apportent au cake une jolie touche verte.

ÉPICES

N'ayez pas peur d'utiliser diverses épices ou de faire des mélanges personnels.
Elles donneront à votre cake une touche originale (noix de muscade, curcuma, gingembre, paprika, piment, cumin, coriandre, cannelle, toutes sortes de poivre, etc.). Achetez-les en petites quantités. Même conservées dans des flacons hermétiques, au bout d'un moment, elles perdent leur saveur. Si vous avez un mortier ou un moulin à café, achetez de préférence les graines et broyez-les vous-même.

le kit de cake salé

QUELQUES PETITES SALADES

TOMATES CERISES, ÉCHALOTE ET CORIANDRE

Pour 4 à 6 personnes
Préparation 10 minutes

600 g de tomates cerises
1 échalote
1 petit bouquet de coriandre frais
huile d'olive
vinaigre balsamique
sel, poivre

Coupez les tomates cerises en deux. Épluchez l'échalote et hachez-la finement. Lavez la coriandre et hachez-la grossièrement. Mélangez le tout et assaisonnez avec de l'huile d'olive et du vinaigre balsamique. Salez, poivrez et servez frais.

Variante Remplacez l'échalote par des oignons nouveaux, ajoutez des petits pois et remplacez la coriandre par du persil.

HARICOTS VERTS, FETA ET TOMATES SÉCHÉES

Pour 4 à 6 personnes
Préparation 20 minutes

600 g de haricots verts (frais ou surgelés)
200 g de feta
5 tomates séchées
1 cuillerée à café de câpres
huile d'olive
le jus de 1/2 citron
sel, poivre

Écossez les haricots verts et faites-les cuire dans de l'eau bouillante pendant 6 minutes. Ils doivent rester croquants. Coupez la feta en petits morceaux. Mettez les tomates séchées avec un peu d'huile dans un mixeur et hachez-les grossièrement sans les réduire en purée. Ajoutez les câpres à la fin et donnez un tour de mixeur. Mélangez le tout et assaisonnez avec un peu d'huile d'olive et le jus de 1/2 citron. Salez, poivrez et servez bien frais.

Variante Remplacez les tomates séchées par des artichauts marinés.

JULIENNE DE COURGETTES ET SÉSAME NOIR

Pour 4 à 6 personnes
Préparation 15 minutes

4 ou 5 petites courgettes bien fermes
2 cuillerées à café de graines de sésame noir
le jus de 1 citron
huile d'olive
1 pincée de sucre
sel, poivre

À l'aide d'une mandoline, détaillez les courgettes en julienne. Dans une poêle, faites griller à sec les graines de sésame noir. Mélangez ensemble et assaisonnez avec le jus de citron et l'huile d'olive. Ajoutez une pincée de sucre. Salez, poivrez et servez frais.

BETTERAVES, MOZZARELLA ET CITRON VERT

Pour 4 à 6 personnes
Préparation 15 minutes

2 ou 3 betteraves cuites
200 g de mozzarella
1 ou 2 endives rouges
le jus de 2 citrons verts
le zeste de 1 citron vert
huile d'olive
1 pincée de sucre
sel, poivre

Coupez les betteraves en morceaux. Séparez les feuilles des endives et coupez-les en gros morceaux. Déchirez la mozzarella en morceaux avec les doigts. Mélangez le tout. Ajoutez le zeste et le jus de citron vert dans lequel vous aurez dissous une pincée de sucre. Arrosez avec un peu d'huile d'olive, salez et poivrez.

Variante Vous pouvez remplacer les endives par des radis et parsemer le tout avec des graines de sésame grillées, ou encore ajouter des herbes fraîches comme du basilic ou de l'aneth.

RÂPEZ LES LÉGUMES ET AJOUTEZ-LES À VOS CAKES POUR OBTENIR UNE TEXTURE FONDANTE ET MOELLEUSE.

CAKE COURGETTES PARMESAN

Préparation 15 minutes
Cuisson 50 minutes

180 g de farine
3 œufs
10 cl de lait demi-écrémé
10 cl d'huile d'olive
100 g de gruyère râpé
100 g de parmesan râpé
2 courgettes
1 poignée de feuilles de menthe
1 poignée de feuilles de basilic
1 sachet de levure chimique
sel, poivre

Préchauffez le four à 180 °C.

Lavez les courgettes et râpez-les finement. Hachez finement la menthe et le basilic.

Beurrez et farinez un moule à cake.

Dans un saladier, battez légèrement les œufs avec l'huile et le lait. Ajoutez la farine, le gruyère, le parmesan, le basilic, la menthe hachés et les courgettes râpées. Salez et poivrez. Mélangez. Incorporez délicatement la levure. Versez la pâte dans le moule et enfournez aussitôt.

Faites cuire 50 minutes. Avant de démouler, laissez le cake refroidir un peu.

CAKE AU PANAIS ET AU THYM

Préparation 15 minutes
Cuisson 50 minutes

180 g de farine
3 œufs
10 cl de lait demi-écrémé
10 cl d'huile de noix ou de noisette
100 g de gruyère râpé
1 gros panais
1 bouquet de thym frais
1 sachet de levure chimique
sel, poivre

Préchauffez le four à 180 °C.

Épluchez le panais à l'aide d'un économe. Râpez-le grossièrement. Effeuillez le thym.

Beurrez et farinez un moule à cake.

Dans un saladier, battez légèrement les œufs avec l'huile, le lait et le panais râpé. Ajoutez la farine, le gruyère et le thym. Salez et poivrez. Mélangez. Incorporez délicatement la levure. Versez la pâte dans le moule et enfournez aussitôt.

Faites cuire 50 minutes. Avant de démouler, laissez le cake refroidir un peu.

Idée Vous pouvez remplacer le thym par du basilic thaï.

CAKE PIMENTÉ AU POTIRON

Préparation 15 minutes
Cuisson 50 minutes

180 g de farine
3 œufs
10 cl de lait demi-écrémé
10 cl d'huile d'olive
100 g de gruyère râpé
200 g de potiron
100 g de parmesan râpé
1 cuillerée à café de piment d'Espelette
1 poignée de pignons de pin
1 sachet de levure chimique
sel, poivre

Préchauffez le four à 180 °C.

Râpez grossièrement la chair de potiron. Dans la paume de la main, pressez la pulpe râpée pour enlever l'excédent de liquide.

Beurrez et farinez un moule à cake.

Dans un saladier, battez légèrement les œufs avec l'huile, le lait, le parmesan et le potiron. Ajoutez la farine, le gruyère, le piment d'Espelette et les pignons de pin. Salez et poivrez. Mélangez. Incorporez délicatement la levure. Versez la pâte dans le moule et enfournez aussitôt.

Faites cuire 50 minutes. Avant de démouler, laissez le cake refroidir un peu.

CAKE CAROTTES LARDONS

Préparation 15 minutes
Cuisson 50 minutes

180 g de farine
3 œufs
10 cl de lait demi-écrémé
10 cl d'huile végétale
100 g de gruyère râpé
2 carottes
100 g de lardons
1 poignée d'estragon
1 sachet de levure chimique
sel, poivre

Préchauffez le four à 180 °C.

Épluchez les carottes puis râpez-les grossièrement. Hachez finement l'estragon.

Beurrez et farinez un moule à cake.

Dans un saladier, battez légèrement les œufs avec l'huile et le lait. Ajoutez la farine, le gruyère, les carottes râpées, les lardons et l'estragon haché. Salez et poivrez. Mélangez. Incorporez délicatement la levure. Versez la pâte dans le moule et enfournez aussitôt.

Faites cuire 50 minutes. Avant de démouler, laissez le cake refroidir un peu.

Idée Vous pouvez remplacer l'estragon par du persil.

CAKE COURGETTE CAROTTE

Préparation 15 minutes
Cuisson 50 minutes

180 g de farine
3 œufs
10 cl de lait demi-écrémé
10 cl d'huile d'olive
100 g de gruyère râpé
1 courgette
1 carotte
1 poignée de feuilles de menthe
1 sachet de levure chimique
sel, poivre

Préchauffez le four à 180 °C.

Épluchez la carotte à l'aide d'un économe. Râpez-la grossièrement ainsi que la courgette. Hachez finement la menthe.

Beurrez et farinez un moule à cake.

Dans un saladier, battez légèrement les œufs avec l'huile, le lait, la carotte et la courgette râpées. Ajoutez la farine, le gruyère et la menthe hachée. Salez et poivrez. Mélangez. Incorporez délicatement la levure. Versez la pâte dans le moule et enfournez aussitôt.

Faites cuire 50 minutes. Avant de démouler, laissez le cake refroidir un peu.

CAKE MARRONS CÉLERI

Préparation 15 minutes
Cuisson 50 minutes

180 g de farine
3 œufs
10 cl de lait demi-écrémé
10 cl d'huile de noix
100 g de gruyère râpé
2 branches de céleri
150 g de marrons au naturel (en bocal ou surgelés)
1 sachet de levure chimique
sel, poivre

Préchauffez le four à 180 °C.

Coupez les branches de céleri en petits morceaux. Utilisez seulement la partie dure car les feuilles sont un peu amères. Coupez grossièrement les marrons.

Beurrez et farinez un moule à cake.

Dans un saladier, battez légèrement les œufs avec l'huile et le lait. Ajoutez la farine, le gruyère, le céleri et les marrons. Salez et poivrez. Mélangez. Incorporez délicatement la levure. Versez la pâte dans le moule et enfournez aussitôt.

Faites cuire 50 minutes. Avant de démouler, laissez le cake refroidir un peu.

CAKE POIVRON CUMIN

Préparation 15 minutes
Cuisson 50 minutes

180 g de farine
3 œufs
10 cl de lait demi-écrémé
10 cl d'huile d'olive
100 g de gruyère râpé
1 poivron rouge (ou jaune)
1 cuillerée à café de cumin moulu
1 sachet de levure chimique
sel, poivre

Préchauffez le four à 180 °C.

Lavez le poivron puis coupez-le en petits morceaux.

Beurrez et farinez un moule à cake.

Dans un saladier, battez légèrement les œufs avec l'huile et le lait. Ajoutez la farine, le gruyère, le poivron et le cumin moulu. Salez et poivrez. Mélangez. Incorporez délicatement la levure. Versez la pâte dans le moule et enfournez aussitôt.

Faites cuire 50 minutes. Avant de démouler, laissez le cake refroidir un peu.

CAKE AUX LÉGUMES GRILLÉS

Préparation 30 minutes
Cuisson 50 minutes

180 g de farine
3 œufs
10 cl de lait demi-écrémé
10 cl d'huile d'olive + huile pour les légumes
100 g de gruyère râpé
1 carotte
1 courgette
1 poivron (rouge, jaune ou vert)
1 poireau
1 poignée de thym frais
1 sachet de levure chimique
sel, poivre

Préchauffez le four à 180 °C.

Épluchez la carotte. Lavez le poireau et la courgette. Coupez tous les légumes en bâtonnets de 5 cm environ. Effeuillez le thym. Mettez les légumes dans un plat allant au four. Vous pouvez tapisser le fond du plat de papier sulfurisé pour éviter que les légumes attachent. Arrosez les légumes d'huile d'olive. Ajoutez le thym. Salez et poivrez. Mélangez avec les mains. Faites cuire au four 20 à 30 minutes environ.

Beurrez et farinez un moule à cake.

Dans un saladier, battez légèrement les œufs avec l'huile, le lait, puis ajoutez les légumes grillés. Réservez un peu de légumes pour la décoration du cake. Ajoutez la farine et le gruyère. Salez et poivrez. Mélangez. Incorporez délicatement la levure puis versez la pâte dans le moule. Déposez quelques légumes sur le cake et enfournez aussitôt.

Faites cuire 50 minutes environ. Avant de démouler, laissez le cake refroidir un peu. Pour faciliter le démoulage, passez la lame d'un couteau autour du cake.

Conseil Vous pouvez préparer une quantité plus importante de légumes grillés. Ils accompagneront délicieusement votre cake.

CAKE PIMENTÉ AU PERSIL

Préparation 10 minutes
Cuisson 50 minutes

180 g de farine
3 œufs
10 cl de lait demi-écrémé
10 cl d'huile d'olive
100 g de gruyère râpé
100 g de parmesan râpé
2 bonnes poignées de persil
2 piments rouges
2 gousses d'ail
1 poignée de pignons de pin (facultatif)
1 sachet de levure chimique
sel, poivre

Préchauffez le four à 180 °C.

Hachez grossièrement le persil. Écrasez les gousses d'ail, épluchez-les et réduisez-les en purée. Coupez les piments en deux et, à l'aide d'une petite cuillère, ôtez les pépins. Coupez-les ensuite en très fines lamelles.

Beurrez et farinez un moule à cake.

Dans un saladier, battez légèrement les œufs avec l'huile et le lait. Ajoutez la farine, le gruyère, le parmesan, le persil, l'ail et le piment. Mettez aussi les pignons de pin. Salez et poivrez. Mélangez. Incorporez délicatement la levure. Versez la pâte dans le moule et enfournez aussitôt.

Faites cuire 50 minutes. Avant de démouler, laissez le cake refroidir un peu.

CAKE CRESSON PATATE DOUCE

Préparation 15 minutes
Cuisson 50 minutes

180 g de farine
3 œufs
12 cl de lait demi-écrémé
10 cl d'huile végétale
100 g de gruyère râpé
1 bouquet de cresson
1 patate douce
1 sachet de levure chimique
sel, poivre

Préchauffez le four à 180 °C.

Épluchez la patate douce puis râpez-la grossièrement. Lavez le cresson et hachez grossièrement les feuilles.

Beurrez et farinez un moule à cake.

Dans un saladier, battez légèrement les œufs avec l'huile, le lait, la patate douce râpée et le cresson haché. Ajoutez la farine et le gruyère. Salez et poivrez. Mélangez. Incorporez délicatement la levure. Versez la pâte dans le moule et enfournez.

Faites cuire 50 minutes. Avant de démouler, laissez le cake refroidir un peu.

Idée Vous pouvez ajouter 1 pincée de cumin moulu à la préparation.

CAKE CHAMPIGNONS PERSIL

Préparation 15 minutes
Cuisson 50 minutes

180 g de farine
3 œufs
10 cl de lait demi-écrémé
10 cl d'huile de noix
100 g de gruyère râpé
300 g de mélange de champignons (pleurotes, trompettes-des-morts, etc.)
2 échalotes
1 poignée de persil plat
1 noix de beurre
1 sachet de levure chimique
sel, poivre

Préchauffez le four à 180 °C.

Nettoyez les champignons et coupez-les en lamelles. Épluchez les échalotes et hachez-les finement. Hachez le persil. Faites fondre le beurre dans une poêle et ajoutez-y les champignons émincés. Faites-les revenir jusqu'à ce qu'ils aient rendu tout leur liquide de végétation. Ajoutez alors les échalotes, le persil et laissez cuire 2 minutes. Laissez refroidir.

Beurrez et farinez un moule à cake.

Dans un saladier, battez légèrement les œufs avec l'huile et le lait. Ajoutez la farine, le gruyère, la préparation aux champignons et aux échalotes. Salez et poivrez. Mélangez. Incorporez délicatement la levure. Versez la pâte dans le moule et enfournez aussitôt.

Faites cuire 50 minutes. Avant de démouler, laissez le cake refroidir un peu.

CAKE OSEILLE CREVETTES

Préparation 15 minutes
Cuisson 50 minutes

180 g de farine
3 œufs
10 cl de lait demi-écrémé
10 cl d'huile végétale
100 g de gruyère râpé
150 g de crevettes décortiquées
1 bouquet d'oseille
1 sachet de levure chimique
sel, poivre

Préchauffez le four à 180 °C.

Coupez les crevettes en morceaux. Hachez grossièrement l'oseille.

Beurrez et farinez un moule à cake.

Dans un saladier, battez les œufs avec l'huile et le lait. Ajoutez la farine, le gruyère, les crevettes et l'oseille. Salez et poivrez. Mélangez. Incorporez la levure. Versez la pâte dans le moule et enfournez.

Faites cuire 50 minutes. Avant de démouler, laissez le cake refroidir un peu.

CAKE VERT ET NOIR

Préparation 15 minutes
Cuisson 50 minutes

180 g de farine
3 œufs
10 cl de lait demi-écrémé
10 cl d'huile de noisette
100 g de gruyère râpé
100 g de parmesan râpé
150 g de petits pois (frais ou surgelés)
1 poignée de coriandre fraîche
2 cuillerées à soupe de graines de sésame noir
1 sachet de levure chimique
sel, poivre

Préchauffez le four à 180 °C.

Dans une poêle, faites griller à sec les graines de sésame pour développer leur arôme. Hachez grossièrement la coriandre.

Beurrez et farinez un moule à cake.

Dans un saladier, battez légèrement les œufs avec l'huile et le lait. Ajoutez la farine, le gruyère, le parmesan, le sésame grillé, la coriandre hachée et les petits pois. Salez et poivrez. Mélangez. Incorporez délicatement la levure. Versez la pâte dans le moule et enfournez aussitôt.

Faites cuire 50 minutes. Avant de démouler, laissez le cake refroidir un peu.

Note Pour les petits pois frais, comptez 300 à 350 g de petits pois non écossés pour 100 à 150 g de pois écossés. Si vous utilisez des petits pois surgelés, mettez-les directement dans la pâte sans les décongeler.

CAKE AUX DEUX OLIVES

Préparation 10 minutes
Cuisson 50 minutes

180 g de farine
3 œufs
10 cl de lait demi-écrémé
10 cl d'huile d'olive
100 g de gruyère râpé
100 g de lardons fumés
100 g d'olives vertes dénoyautées
100 g d'olives noires dénoyautées
1 sachet de levure chimique
sel, poivre

Préchauffez le four à 180 °C.

Égouttez les olives. Ne les coupez pas.

Beurrez et farinez un moule à cake.

Dans un saladier, battez légèrement les œufs avec l'huile et le lait. Ajoutez la farine, le gruyère, les olives et les lardons. Salez et poivrez. Mélangez. Incorporez délicatement la levure. Versez la pâte dans le moule et enfournez aussitôt.

Faites cuire 50 minutes. Avant de démouler, laissez le cake refroidir un peu.

CAKE AUBERGINE MENTHE

Préparation 15 minutes
Cuisson 50 minutes

180 g de farine
3 œufs
10 cl de lait demi-écrémé
10 cl d'huile végétale
100 g de gruyère râpé
2 aubergines
1 poignée de feuilles de menthe
2 cuillerées à café de concentré de tomates (facultatif)
1 sachet de levure chimique
sel, poivre

Préchauffez le four à 180 °C.

Piquez les aubergines avec une fourchette. Faites-les cuire au micro-ondes pendant 5 minutes environ. Elles doivent devenir moelleuses. Coupez-les en deux et récupérez la chair. Détaillez la chair en petits morceaux. Hachez finement la menthe.

Beurrez et farinez un moule à cake.

Dans un saladier, battez légèrement les œufs avec l'huile et le lait. Ajoutez la farine, le gruyère, les aubergines, la menthe hachée et le concentré de tomates. Salez et poivrez. Mélangez. Incorporez délicatement la levure. Versez la pâte dans le moule et enfournez aussitôt.

Faites cuire 50 minutes. Avant de démouler, laissez le cake refroidir un peu.

CAKE ÉPINARDS POIS CHICHES

Préparation 15 minutes
Cuisson 50 minutes

180 g de farine
3 œufs
10 cl de lait demi-écrémé
10 cl d'huile végétale
100 g de gruyère râpé
100 g d'épinards frais
100 g de pois chiches en conserve
1 cuillerée à café de massalé (mélange d'épices de l'île de La Réunion) ou de curry
1 sachet de levure chimique
sel, poivre

Préchauffez le four à 180 °C.

Égouttez les pois chiches. Lavez les épinards puis hachez-les grossièrement.

Beurrez et farinez un moule à cake.

Dans un saladier, battez légèrement les œufs avec l'huile et le lait. Ajoutez la farine, le gruyère, les épinards, les pois chiches et le mélange d'épices. Salez et poivrez. Mélangez. Incorporez la levure. Versez la pâte dans le moule et enfournez aussitôt.

Faites cuire 50 minutes. Avant de démouler, laissez le cake refroidir un peu.

Note Les épinards sont utilisés comme des herbes fraîches, oubliez donc les épinards congelés.

Le massalé est un mélange d'épices dont le goût s'approche du curry. Il est un peu plus brun car il ne contient pas de curcuma. Vous pouvez le trouver facilement dans les supermarchés ou dans les épiceries orientales.

PARMESAN, MIMOLETTE, CHÈVRE, ROQUEFORT, FETA… ASSOCIEZ VOS FROMAGES PRÉFÉRÉS AUX HERBES, AUX ÉPICES OU AUX FRUITS SECS.

CAKE AU ROQUEFORT

Préparation 15 minutes
Cuisson 50 minutes

180 g de farine
3 œufs
10 cl de lait demi-écrémé
5 cl d'huile végétale
5 cl d'huile de noix
100 g de gruyère râpé
150 g de roquefort
1 poire
2 poignées de cerneaux de noix (50 g)
1 sachet de levure chimique
sel, poivre

Préchauffez le four à 180 °C.

Émiettez grossièrement le roquefort. Coupez la poire en petits morceaux. Hachez les noix. Beurrez et farinez un moule à cake.

Dans un saladier, battez les œufs avec l'huile et le lait. Ajoutez la farine, le gruyère, le roquefort, les morceaux de poires et les noix. Salez et poivrez. Mélangez. Incorporez la levure puis versez la pâte dans le moule et enfournez. Faites cuire 50 minutes. Avant de démouler, laissez le cake refroidir un peu.

CAKE AU PARMESAN

Préparation 10 minutes
Cuisson 50 minutes

180 g de farine
3 œufs
10 cl d'huile végétale
10 cl de lait demi-écrémé
100 g de gruyère râpé
100 g de parmesan râpé
50 g de parmesan grossièrement émietté
3 cuillerées à café de graines de coriandre
1 cuillerée à café de graines de poivre de Sechuan
1 cuillerée à café de graines de poivre noir
2 baies de genièvre (facultatif)
1 sachet de levure chimique
sel

Préchauffez le four à 180 °C.

Émiettez le parmesan à l'aide d'un couteau pointu. Réduisez toutes les graines en poudre grossière dans un mortier. Beurrez et farinez un moule à cake.

Dans un saladier, battez légèrement les œufs avec l'huile et le lait. Ajoutez la farine, le gruyère, les deux sortes de parmesan et les épices broyées. Salez. Mélangez. Incorporez délicatement la levure. Versez la pâte dans le moule et enfournez aussitôt. Faites cuire 50 minutes.

CAKE AU CROTTIN DE CHÈVRE

Préparation 10 minutes
Cuisson 50 minutes

200 g de farine
3 œufs
10 cl de lait demi-écrémé
10 cl d'huile d'olive
1 crottin de chèvre (60 g environ)
10 à 15 raisins noirs
1 poignée de romarin frais
1 sachet de levure chimique
sel, poivre

Préchauffez le four à 180 °C.

Coupez le crottin de chèvre en morceaux. Effeuillez le romarin et hachez-le finement. Beurrez et farinez un moule à cake.

Dans un saladier, battez les œufs avec l'huile et le lait. Ajoutez la farine, le fromage, les raisins entiers et le romarin. Salez et poivrez. Mélangez. Incorporez délicatement la levure. Versez la pâte dans le moule et enfournez aussitôt.

Faites cuire 50 minutes. Avant de démouler, laissez le cake refroidir un peu.

Conseil Pour ce cake, utilisez plutôt des petits moules car vous pouvez contrôler plus facilement la répartition des raisins. Dans les grands moules, vous risquez de retrouver tous les raisins au fond du cake.

CAKE AU FROMAGE BLANC

Préparation 15 minutes
Cuisson 50 minutes

200 g de farine
3 œufs
200 g de fromage blanc
10 cl d'huile végétale
2 cuillerées à café de piment d'Espelette
ou de paprika fort
1 bonne poignée de ciboulette
1 sachet de levure chimique
sel, poivre

Préchauffez le four à 180 °C.

Hachez finement la ciboulette.

Beurrez et farinez un moule à cake.

Dans un saladier, battez légèrement les œufs avec l'huile et le fromage blanc. Ajoutez la farine, le piment d'Espelette et la ciboulette. Salez et poivrez. Mélangez. Incorporez délicatement la levure. Versez la pâte dans le moule et enfournez aussitôt.

Faites cuire 50 minutes. Avant de démouler, laissez le cake refroidir un peu.

CAKE À LA MIMOLETTE

Préparation 10 minutes
Cuisson 50 minutes

180 g de farine
3 œufs
10 cl de lait demi-écrémé
10 cl d'huile végétale
100 g de mimolette râpée
100 g de mimolette coupée en morceaux
2 cuillerées à café de graines de carvi
1 sachet de levure chimique
sel, poivre

Préchauffez le four à 180 °C.

Beurrez et farinez un moule à cake.

Dans un saladier, battez légèrement les œufs avec l'huile et le lait. Ajoutez la farine, les mimolettes et les graines de carvi. Salez et poivrez. Mélangez. Incorporez délicatement la levure puis versez la pâte dans le moule et enfournez aussitôt.

Faites cuire 50 minutes environ. Avant de démouler, laissez le cake refroidir un peu.

Note Le carvi est une épice proche du cumin, mais il présente une saveur moins forte. En Inde, le carvi accompagne les currys, les lentilles et le riz. Dans les pays d'Europe de l'Est et en Allemagne, il assaisonne charcuterie, choucroute, poisson... Vous pouvez le trouver facilement au rayon des épices dans les supermarchés.

CAKE À LA FETA ET AUX HERBES

Préparation 15 minutes
Cuisson 50 minutes

180 g de farine
3 œufs
10 cl de lait demi-écrémé
10 cl d'huile d'olive
100 g de gruyère râpé
200 g de feta
2 ou 3 poignées d'herbes fraîches (basilic, menthe, persil, ciboulette)
1 sachet de levure chimique
sel, poivre

Préchauffez le four à 180 °C.

Coupez la feta en dés. Hachez grossièrement toutes les herbes.

Beurrez et farinez un moule à cake.

Dans un saladier, battez légèrement les œufs avec l'huile et le lait. Ajoutez la farine, le gruyère, la feta et les herbes fraîches. Salez et poivrez. Mélangez. Incorporez délicatement la levure puis versez la pâte dans le moule et enfournez aussitôt.

Faites cuire 50 minutes. Avant de démouler, laissez le cake refroidir un peu.

JAMBON, SAUCISSON, LARDONS OU, ENCORE MIEUX, FOIE GRAS ET LE CONFIT DE CANARD… QUE DE BONNES CHOSES ! ON A HÂTE DE LES DÉVORER.

CAKE JAMBON SAUGE

Préparation 10 minutes
Cuisson 50 minutes

100 g de farine
80 g de farine complète
3 œufs
10 cl de lait demi-écrémé
10 cl d'huile végétale
100 g de gruyère râpé
100 g de lard de jambon
quelques feuilles de sauge fraîche
1 sachet de levure chimique
sel, poivre

Préchauffez le four à 180 °C.

Coupez le lard en petits morceaux et hachez finement les feuilles de sauge.

Beurrez et farinez un moule à cake.

Dans un saladier, battez les œufs avec l'huile et le lait. Ajoutez les deux farines, le gruyère râpé, le lard et la sauge. Salez et poivrez. Incorporez la levure. Versez la pâte dans le moule et enfournez.

Faites cuire 50 minutes. Avant de démouler, laissez le cake refroidir un peu.

CAKE FIGUES JAMBON CRU

Préparation 15 minutes
Cuisson 50 minutes

180 g de farine
3 œufs
100 g de gruyère râpé
10 cl de lait demi-écrémé
10 cl d'huile végétale
200 g de figues fraîches
100 g de jambon cru
1 sachet de levure chimique
sel, poivre

Préchauffez le four à 180 °C.

Coupez les figues en morceaux et déchirez le jambon cru à la main.

Beurrez et farinez un moule à cake.

Dans un saladier, battez légèrement les œufs avec l'huile et le lait. Ajoutez la farine, le gruyère râpé, les figues et le jambon. Salez et poivrez. Mélangez jusqu'à obtenir une pâte homogène. Incorporez délicatement la levure. Versez la pâte dans le moule et enfournez aussitôt.

Faites cuire 50 minutes. Avant de démouler, laissez le cake refroidir un peu.

CAKE CHARCUTIER

Préparation 10 minutes
Cuisson 50 minutes

180 g de farine
3 œufs
10 cl de lait
10 cl d'huile de noix
100 g de gruyère râpé
50 g de lardons
100 g de saucisson sec
100 g de chorizo
1 poignée de noisettes
1 sachet de levure chimique
sel, poivre

Préchauffez le four à 180 °C.

Coupez le saucisson sec et le chorizo en morceaux. Hachez grossièrement les noisettes.

Beurrez et farinez un moule à cake.

Dans un saladier, battez légèrement les œufs avec l'huile et le lait. Ajoutez la farine, le gruyère râpé, les lardons, les morceaux de saucisson et de chorizo, et les noisettes. Salez et poivrez. Mélangez à nouveau de façon à obtenir une pâte homogène. Incorporez délicatement la levure. Versez la pâte dans le moule et enfournez aussitôt.

Faites cuire 50 minutes. Avant de démouler, laissez le cake refroidir un peu.

Note Si vous avez un mortier, utilisez-le pour réduire toutes sortes de noix en morceaux ou en poudre.

CAKE POULET ANETH

Préparation 15 minutes
Cuisson 50 minutes

180 g de farine
3 œufs
10 cl de lait demi-écrémé
10 cl d'huile végétale
100 g de gruyère râpé
200 g de poulet fumé
2 poignées d'aneth frais
1 sachet de levure chimique
sel, poivre

Préchauffez le four à 180 °C.

Coupez le poulet en morceaux.
Hachez grossièrement l'aneth.

Beurrez et farinez un moule à cake.

Dans un saladier, battez légèrement les œufs avec l'huile et le lait. Ajoutez la farine, le gruyère râpé, les morceaux de poulet et l'aneth. Salez et poivrez. Mélangez de nouveau jusqu'à obtenir une pâte homogène. Incorporez délicatement la levure. Versez la pâte dans le moule et enfournez aussitôt.

Faites cuire 50 minutes. Avant de démouler, laissez le cake refroidir un peu.

CAKE AU CONFIT DE CANARD

Préparation 15 minutes
Cuisson 50 minutes

180 g de farine
3 œufs
10 cl de lait demi-écrémé
10 cl d'huile végétale
100 g de gruyère râpé
1 cuisse de canard confite (chez un boucher ou en conserve)
2 prunes
1/4 de cuillerée à café de cannelle moulue
1 sachet de levure chimique
sel, poivre

Préchauffez le four à 180 °C.

Retirez la peau de la cuisse de canard et émiettez grossièrement la viande. Coupez les prunes en morceaux.

Beurrez et farinez un moule à cake.

Dans un saladier, battez légèrement les œufs avec l'huile et le lait. Ajoutez la farine, le gruyère râpé, la cannelle, le canard et les prunes. Salez et poivrez. Mélangez. Incorporez délicatement la levure. Versez la pâte dans le moule et enfournez aussitôt.

Faites cuire 50 minutes environ. Avant de démouler, laissez le cake refroidir un peu.

LES VOYAGES SONT SOUVENT UNE SOURCE D'INSPIRATION CULINAIRE. QUI SAIT, PEUT-ÊTRE QUE CES RECETTES VOUS RAPPELLERONT UN DE VOS VOYAGES ?

CAKE ITALIEN

Préparation 15 minutes
Cuisson 50 minutes

180 g de farine
3 œufs
10 cl de lait demi-écrémé
10 cl d'huile végétale
100 g de gruyère râpé
100 g de parmesan râpé
50 g de roquette (1 grosse poignée)
150 g de pancetta
1 sachet de levure chimique
sel, poivre

Préchauffez le four à 180 °C.

Hachez grossièrement la roquette.
Coupez la pancetta en petits morceaux.

Beurrez et farinez un moule à cake.

Dans un saladier, battez légèrement les œufs avec l'huile et le lait. Ajoutez la farine, le gruyère, le parmesan, la roquette et la pancetta. Salez et poivrez. Mélangez. Incorporez délicatement la levure. Versez la pâte dans le moule et enfournez.

Faites cuire 50 minutes environ. Avant de démouler, laissez le cake refroidir un peu.

Note Vous pouvez remplacer la pancetta par de la poitrine de porc fumée.

CAKE NORDIQUE

Préparation 15 minutes
Cuisson 50 minutes

180 g de farine
3 œufs
10 cl de lait demi-écrémé
10 cl d'huile végétale
100 g de gruyère râpé
100 g de saumon fumé
1 poignée d'aneth frais
2 cuillerées à soupe de baies rouges
1 sachet de levure chimique
sel, poivre

Préchauffez le four à 180 °C.

Coupez le saumon fumé en fines lamelles. Hachez grossièrement l'aneth. Dans un mortier, écrasez les baies rouges. Beurrez et farinez un moule à cake.

Dans un saladier, battez les œufs avec l'huile et le lait. Ajoutez la farine, le gruyère, le saumon, l'aneth et les baies rouges. Salez et poivrez. Mélangez. Incorporez la levure. Versez la pâte dans le moule et enfournez.

Faites cuire 50 minutes environ. Avant de démouler, laissez le cake refroidir un peu.

Note Si vous utilisez des moules individuels, vous pouvez couper les cakes en deux dans l'épaisseur et les garnir avec de la ricotta agrémentée de quelques cuillerées à café de raifort.

CAKE DU NORD À LA BIÈRE

Préparation 10 minutes
Cuisson 50 minutes

180 g de farine
3 œufs
10 cl de bière
10 cl d'huile végétale
100 g de gruyère râpé
100 g d'oignons séchés (au rayon condiments)
1 sachet de levure chimique
sel, poivre

Préchauffez le four à 180 °C.

Beurrez et farinez un moule à cake.

Dans un saladier, battez légèrement les œufs avec l'huile et la bière. Ajoutez la farine et les oignons. Salez et poivrez. Mélangez. Incorporez délicatement la levure puis versez la pâte dans le moule et enfournez aussitôt.

Faites cuire 50 minutes. Avant de démouler, laissez le cake refroidir un peu.

CAKE BRETON

Préparation 15 minutes
Cuisson 50 minutes

100 g de farine de sarrasin
100 g de farine
3 œufs
100 g de gruyère râpé
10 cl de lait demi-écrémé
10 cl d'huile végétale
100 g de lardons fumés
1 poireau
1 sachet de levure chimique
sel, poivre

Préchauffez le four à 180 °C.

Lavez le poireau et coupez-le en rondelles assez fines. Beurrez et farinez un moule à cake.

Dans un saladier, battez légèrement les œufs avec l'huile et le lait. Ajoutez la farine, le gruyère, les lardons et les rondelles de poireau. Salez et poivrez. Mélangez. Incorporez délicatement la levure. Versez la pâte dans le moule et enfournez.

Faites cuire 50 minutes. Avant de démouler, laissez le cake refroidir un peu.

Idée Servez ce cake avec un verre de cidre bien frais.

CAKE THAI

Préparation 15 minutes
Cuisson 50 minutes

180 g de farine
3 œufs
100 g de gruyère râpé
10 cl d'huile végétale
10 cl de lait de noix de coco
150 g de crevettes décortiquées
le zeste de 1 citron vert
le jus de 1/2 citron vert
1 cuillerée à café de curcuma en poudre
1 piment rouge
1 sachet de levure chimique
sel, poivre

Préchauffez le four à 180 °C.

Coupez les crevettes en petits morceaux. Coupez le piment en deux et, à l'aide d'une petite cuillère, enlevez les pépins. Hachez-le finement.

Beurrez et farinez un moule à cake.

Dans un saladier, battez légèrement les œufs avec le lait et l'huile. Ajoutez la farine, le gruyère, les crevettes, le piment, le curcuma, le jus et le zeste de citron. Salez et poivrez. Mélangez. Incorporez délicatement la levure. Versez la pâte dans le moule et enfournez aussitôt.

Faites cuire 50 minutes. Avant de démouler, laissez le cake refroidir un peu.

CAKE FAÇON SUSHI

Préparation 10 minutes
Cuisson 50 minutes

180 g de farine
3 œufs
10 cl de crème fraîche entière
10 cl d'huile végétale
100 g de saumon fumé
4 cuillerées à café de wasabi (dans les épiceries japonaises ou chinoises)
1 sachet de levure chimique
sel, poivre

Préchauffez le four à 180 °C.

Coupez le saumon en dés.

Beurrez et farinez un moule à cake.

Dans un saladier, battez légèrement les œufs avec l'huile, le wasabi et la crème fraîche. Ajoutez la farine et le saumon. Salez et poivrez. Mélangez. Incorporez délicatement la levure. Versez la pâte dans le moule et enfournez aussitôt.

Faites cuire 50 minutes. Avant de démouler, laissez le cake refroidir un peu.

Note Vous pouvez remplacer le wasabi par du raifort.

CAKE PROVENÇAL

Préparation 10 minutes
Cuisson 50 minutes

180 g de farine
3 œufs
10 cl d'huile d'olive
10 cl de lait demi-écrémé
100 g de gruyère râpé
1 boîte de thon au naturel
le zeste de 1 citron
1 poignée de thym frais
1 sachet de levure chimique
sel, poivre

Préchauffez le four à 180 °C.

Égouttez le thon et émiettez-le. Hachez grossièrement le thym.

Beurrez et farinez un moule à cake.

Dans un saladier, battez légèrement les œufs avec le lait et l'huile. Ajoutez la farine, le gruyère, le thon, le thym et le zeste de citron. Salez et poivrez. Mélangez. Incorporez délicatement la levure. Versez la pâte dans le moule et enfournez aussitôt.

Faites cuire 50 minutes. Avant de démouler, laissez le cake refroidir un peu.

Note Vous pouvez ajouter des olives noires.

MOUTARDE, PÂTE DE CURRY, PESTO, CÂPRES, RAIFORT OU CONFITURE D'OIGNONS, TOUT LE MONDE LES CONNAÎT ET LES UTILISE DE TEMPS EN TEMPS. CES CONDIMENTS DONNERONT UN PETIT GOÛT EN PLUS À VOS CAKES SALÉS.

CAKE PESTO PIGNONS

Préparation 10 minutes
Cuisson 50 minutes

180 g de farine
3 œufs
10 cl de lait demi-écrémé
5 cl d'huile d'olive
100 g de gruyère râpé
3 cuillerées à soupe de pesto
1 bonne poignée de pignons de pin
1 sachet de levure chimique
sel, poivre

Préchauffez le four à 180 °C.

Dans une poêle, faites griller les pignons de pin à sec pour développer leur arôme.

Beurrez et farinez un moule à cake.

Dans un saladier, battez légèrement les œufs avec l'huile, le lait et le pesto. Ajoutez la farine, le gruyère et les pignons de pin grillés. Salez et poivrez. Mélangez. Incorporez délicatement la levure. Versez la pâte dans le moule et enfournez aussitôt.

Faites cuire 50 minutes. Avant de démouler, laissez le cake refroidir un peu.

CAKE AUX TOMATES SÉCHÉES

Préparation 15 minutes
Cuisson 50 minutes

180 g de farine
3 œufs
10 cl de lait demi-écrémé
10 cl d'huile d'olive
100 g de gruyère râpé
200 g de tomates séchées
50 g de câpres
2 poignées de basilic haché
1 sachet de levure chimique
sel, poivre

Préchauffez le four à 180 °C.

Coupez les tomates en morceaux.

Beurrez et farinez un moule à cake.

Dans un saladier, battez légèrement les œufs avec l'huile et le lait. Ajoutez la farine, le gruyère, les tomates, les câpres et le basilic. Salez et poivrez. Mélangez. Incorporez délicatement la levure. Versez la pâte dans le moule et enfournez aussitôt.

Faites cuire 50 minutes. Avant de démouler, laissez le cake refroidir un peu.

CAKE AUX ACHARDS DE LÉGUMES

Préparation 10 minutes
Cuisson 50 minutes

180 g de farine
3 œufs
10 cl de lait demi-écrémé
10 cl d'huile végétale
100 g de gruyère râpé
3 cuillerées à soupe d'achards de légumes (au rayon condiments ou dans les épiceries africaines ou orientales)
1 sachet de levure chimique
sel, poivre

Préchauffez le four à 180 °C.

Beurrez et farinez un moule à cake.

Dans un saladier, battez légèrement les œufs avec l'huile, le lait et les achards de légumes. Ajoutez la farine et le gruyère. Salez et poivrez. Mélangez. Incorporez délicatement la levure. Versez la pâte dans le moule et enfournez aussitôt.

Faites cuire 50 minutes. Avant de démouler, laissez le cake refroidir un peu.

Note Le mot « achards » vient de Malaisie et désigne un assaisonnement composé d'huile, de vinaigre et d'épices. Les achards sont utilisés pour parfumer et conserver des légumes ou des fruits crus ou cuits. À La Réunion, il n'est pas rare que les achards servent comme garniture de sandwich... Idéal pour les végétariens.

Variante Vous pouvez remplacer les achards de légumes par de la Picadilly que vous trouverez au rayon des condiments.

A LA PATE DE TOMATES SÉCHÉES

Préparation 15 minutes
Cuisson 50 minutes

200 g de farine
3 œufs
10 cl de lait demi-écrémé
10 cl d'huile d'olive
100 g de gruyère râpé
2 cuillerées à soupe de pâte de tomates séchées
1 sachet de levure chimique
sel, poivre

Pour la pâte de tomates séchées
150 g de tomates séchées
1 bonne poignée de pignons de pin
5 cl d'huile d'olive (ou d'huile des tomates séchées)

Préchauffez le four à 180 °C.

Pour préparer la pâte de tomates séchées, hachez tous les ingrédients dans un mixeur. Vous devez obtenir une pâte homogène.

Beurrez et farinez un moule à cake.

Dans un saladier, battez légèrement les œufs avec l'huile, le lait et la pâte de tomates séchées. Ajoutez la farine et le gruyère. Salez et poivrez. Mélangez. Incorporez délicatement la levure. Versez la pâte dans le moule et enfournez aussitôt.

Faites cuire 50 minutes. Avant de démouler, laissez le cake refroidir un peu.

Note Vous pouvez utiliser la pâte de tomates séchées pour l'apéritif : mélangez-la avec de la ricotta et servez sur des tranches de pain grillé. Vous pouvez également vous servir de cette pâte pour faire une vinaigrette. Dans ce cas, remplacez la moutarde par de la pâte de tomates séchées et utilisez du vinaigre balsamique et de l'huile d'olive.

CAKE AU PESTO DE CÈPES

Préparation 15 minutes
Cuisson 50 minutes

180 g de farine
3 œufs
10 cl de lait demi-écrémé
10 cl d'huile d'olive
100 g de gruyère râpé
3 cuillerées à soupe de pesto de cèpes
1 bouquet de persil
1 sachet de levure chimique
sel, poivre

Pour le pesto de cèpes
150 g de cèpes
100 g de champignons de Paris
1 poignée de pignons de pin
1 gousse d'ail
5 cl d'huile végétale
sel, poivre

Préchauffez le four à 180 °C.

Hachez tous les ingrédients du pesto à l'aide d'un mixeur. Salez et poivrez. Hachez finement le persil.

Beurrez et farinez un moule à cake.

Dans un saladier, battez les œufs avec l'huile, le lait et le pesto. Ajoutez la farine, le persil et le gruyère. Salez et poivrez. Mélangez. Incorporez la levure. Versez la pâte dans le moule et enfournez.

Faites cuire 50 minutes. Avant de démouler, laissez le cake refroidir un peu.

CAKE POULET CURRY

Préparation 15 minutes
Cuisson 50 minutes

200 g de farine
3 œufs
10 cl de lait demi-écrémé
10 cl d'huile végétale
100 g de gruyère râpé
2 cuillerées à café de pâte de curry (dans les épiceries asiatiques)
150 g de poulet rôti
1 poignée d'estragon haché (facultatif)
1 sachet de levure chimique
sel, poivre

Préchauffez le four à 180 °C.

Désossez le poulet et coupez-le en morceaux.

Beurrez et farinez un moule à cake.

Dans un saladier, battez légèrement les œufs avec l'huile, le lait et la pâte de curry. Ajoutez la farine, le gruyère, le poulet et l'estragon. Salez et poivrez. Mélangez. Incorporez délicatement la levure. Versez la pâte dans le moule et enfournez aussitôt.

Faites cuire 50 minutes. Avant de démouler, laissez le cake refroidir un peu.

Note Vous pouvez ajouter de la coriandre ou du persil finement hachés.

CAKE POMME RAIFORT

Préparation 10 minutes
Cuisson 50 minutes

200 g de farine
3 œufs
10 cl de lait demi-écrémé
10 cl d'huile végétale
100 g de gruyère râpé
5 cuillerées à café de raifort
1 pomme
1 sachet de levure chimique
sel, poivre

Préchauffez le four à 180 °C.

Lavez la pomme et coupez-la en petits morceaux. Ne l'épluchez pas car elle devient très tendre pendant la cuisson.

Beurrez et farinez un moule à cake.

Dans un saladier, battez légèrement les œufs avec l'huile, le lait et le raifort. Ajoutez la farine, le gruyère et les morceaux de pomme. Salez et poivrez. Mélangez. Incorporez délicatement la levure. Versez la pâte dans le moule et enfournez.

Faites cuire 50 minutes. Avant de démouler, laissez le cake refroidir un peu.

Variante Vous pouvez remplacer la pomme par 200 g de potiron râpé.

CAKE À LA MOUTARDE

Préparation 10 minutes
Cuisson 50 minutes

200 g de farine
3 œufs
10 cl de lait demi-écrémé
10 cl d'huile végétale
100 g de gruyère râpé
2 cuillerées à soupe de moutarde à l'ancienne
1 petit bouquet d'estragon frais
1 sachet de levure chimique
sel, poivre

Préchauffez le four à 180 °C.

Hachez finement l'estragon.

Beurrez et farinez un moule à cake.

Dans un saladier, battez les œufs avec l'huile, le lait et la moutarde. Ajoutez la farine, le gruyère et l'estragon. Salez et poivrez. Mélangez. Incorporez la levure. Versez la pâte dans le moule et enfournez.

Faites cuire 50 minutes. Avant de démouler, laissez le cake refroidir un peu. Coupez-le lorsqu'il a refroidi complètement.

AKE PAVOT MAÏS * MAÏS CHORIZO * CAKE OLI

ECS NOISETTES * FIGUES SÈCHES ROMARIN * RAISIN

CAKE FIGUES CANNELLE * CAKE PAVOT * CAKE MAÏ

LIVES CITRON * CAKE OIGNONS LARDONS * ABRICOTS

ECS NOIX * AUX PÉPITES DE CHOCOLAT * CAKE

AÏS * CAKE MAÏS CHORIZO * CAKE OLIVES THYM

OISETTES * FIGUES SÈCHES ROMARIN * R

J SÉSAME * CAKE FIGUES CANNELLE...

THYM CITRON * CAKE OIGNONS LARDONS * ABRICOT
ECS NOIX * AUX PÉPITES DE CHOCOLAT * AU SÉSAM
HORIZO *
LES CAKES COMME DU PAIN
* CAK
CS NOISETTES * FIGUES SÉCHES ROMARIN * RAISIN
SÉSAME * CAKE FIGUES CANNELLE * CAKE PAVO
ITRON * CAKE OIGNONS LARDONS * ABRICOTS SEC
NS SECS NOIX * AUX PÉPITES DE CHOCOLAT * CAK

CAKES COMPLETS POUR LE PETIT-DÉJEUNER
OU POUR LE BRUNCH DU DIMANCHE :
À DÉGUSTER AVEC UN PEU DE BEURRE SALÉ,
DU JAMBON OU AVEC DE LA CONFITURE.
LE GOÛT DE CES CAKES SE RAPPROCHE
DE CELUI DU PAIN.

CAKE PAVOT MAÏS

Préparation 10 minutes
Cuisson 50 minutes

200 g de farine de maïs
100 g de farine
3 œufs
25 cl de lait fermenté
7 cl d'huile végétale
3 cuillerées à soupe de graines de pavot
1 sachet de levure chimique
sel, poivre

Préchauffez le four à 180 °C.

Beurrez et farinez un moule à cake.

Dans un saladier, battez légèrement les œufs avec le lait fermenté et l'huile. Ajoutez la farine et le pavot. Salez et poivrez. Mélangez. Incorporez délicatement la levure. Versez la pâte dans le moule et enfournez aussitôt.

Faites cuire 50 minutes environ. Avant de démouler, laissez le cake refroidir un peu. Pour faciliter le démoulage, passez la lame d'un couteau autour du cake.

CAKE MAÏS CHORIZO

Préparation 10 minutes
Cuisson 50 minutes

300 g de farine complète
3 œufs
25 cl de lait fermenté
7 cl d'huile végétale
100 g de maïs égoutté en conserve
100 g de chorizo coupé en fines lamelles
1 sachet de levure chimique
sel, poivre

Préchauffez le four à 180 °C.

Coupez le chorizo en fines lamelles.
Beurrez et farinez un moule à cake.

Dans un saladier, battez légèrement les œufs avec le lait fermenté et l'huile. Ajoutez la farine, le maïs et le chorizo. Salez et poivrez. Mélangez. Incorporez délicatement la levure. Versez la pâte dans le moule et enfournez.

Faites cuire environ 50 minutes. Avant de démouler, laissez le cake refroidir un peu. Pour faciliter le démoulage, passez la lame d'un couteau autour du cake.

CAKE OLIVES THYM CITRON

Préparation 15 minutes
Cuisson 50 minutes

300 g de farine d'épeautre
3 œufs
10 cl d'huile d'olive
20 cl de lait fermenté
100 g d'olives noires dénoyautées
1 poignée de thym
le zeste râpé de 1 citron
1 sachet de levure chimique
sel, poivre

Préchauffez le four à 180 °C.

Hachez grossièrement les olives à l'aide d'un mixeur. Effeuillez le thym.

Beurrez et farinez un moule à cake.

Dans un saladier, battez les œufs avec le lait fermenté et l'huile. Ajoutez la farine, les olives, le thym (gardez quelques feuilles pour la décoration) et le zeste du citron. Salez et poivrez. Mélangez. Incorporez la levure puis versez la pâte dans le moule. Saupoudrez le cake avec les feuilles de thym et enfournez.

Faites cuire 50 minutes environ. Avant de démouler, laissez le cake refroidir un peu.

CAKE OIGNONS LARDONS

Préparation 15 minutes
Cuisson 50 minutes

200 g de farine complète
100 g de farine
3 œufs
10 cl d'huile d'olive
20 cl de lait fermenté
100 g de lardons allumettes
1 oignon
1 sachet de levure chimique
sel, poivre

Préchauffez le four à 180 °C.

Hachez finement la moitié de l'oignon.
Dans une poêle, faites chauffer un filet d'huile et faites-y revenir rapidement l'oignon. Coupez la seconde moitié de l'oignon en rondelles très fines ; elles vous serviront pour la décoration du cake.

Beurrez et farinez un moule à cake.

Dans un saladier, battez les œufs avec le lait fermenté et l'huile. Ajoutez les deux farines, les lardons et les rondelles d'oignons grillés. Salez et poivrez. Mélangez. Incorporez la levure puis versez la pâte dans le moule. Posez les rondelles d'oignons sur le dessus du cake et enfournez.

Faites cuire 50 minutes. Si les oignons deviennent trop foncés, couvrez le cake avec du papier d'aluminium. Avant de démouler, laissez le cake refroidir un peu.

ABRICOTS SECS NOISETTES

Préparation 15 minutes
Cuisson 50 minutes

200 g de farine complète
100 g de flocons d'avoine (type Quaker)
3 œufs
25 cl de lait fermenté
7 cl d'huile végétale ou de noisettes
2 bonnes poignées de noisettes
2 bonnes poignées d'abricots secs
1 sachet de levure chimique
sel, poivre

Préchauffez le four à 180 °C.

Coupez les abricots secs en petits dés. Hachez grossièrement les noisettes.

Beurrez et farinez un moule à cake.

Dans un saladier, battez légèrement les œufs avec le lait fermenté et l'huile. Ajoutez la farine, les flocons d'avoine, les abricots secs et les noisettes. Salez et poivrez. Mélangez. Incorporez délicatement la levure. Versez la pâte dans le moule et enfournez aussitôt.

Faites cuire 50 minutes environ. Avant de démouler, laissez le cake refroidir un peu.

Note Pour broyer les noisettes, vous pouvez utiliser un pilon.

FIGUES SECHES ROMARIN

Préparation 15 minutes
Cuisson 50 minutes

150 g de farine complète
150 g de farine d'épeautre
3 œufs
25 cl de lait fermenté
7 cl d'huile végétale
2 bonnes poignées de figues sèches
1 bouquet de romarin frais
1 sachet de levure chimique
sel

Préchauffez le four à 180 °C.

Coupez les figues sèches en petits dés. Effeuillez le romarin et hachez-le finement.

Beurrez et farinez un moule à cake.

Dans un saladier, battez légèrement les œufs avec le lait fermenté et l'huile. Ajoutez les deux farines, les figues et le romarin. Salez. Mélangez. Incorporez délicatement la levure puis versez la pâte dans le moule. Vous pouvez décorer le cake avec des morceaux de figues.

Enfournez et laissez cuire 50 minutes. Avant de démouler, laissez le cake refroidir un peu sur une grille.

RAISINS SECS NOIX

Préparation 10 minutes
Cuisson 50 minutes

200 g de farine complète
100 g de farine
3 œufs
25 cl de lait fermenté (au rayon frais ou dans les épiceries orientales)
7 cl d'huile végétale
2 poignées de cerneaux de noix hachés grossièrement
2 poignées de raisins secs
1 sachet de levure chimique
sel

Préchauffez le four à 180 °C.

Beurrez et farinez un moule à cake. Vous pouvez aussi utiliser de l'huile à la place du beurre.

Dans un saladier, battez légèrement les œufs avec le lait fermenté et l'huile. Ajoutez les deux farines, les raisins secs et les noix. Salez. Mélangez. Incorporez délicatement la levure. Versez la pâte dans le moule puis enfournez.

Faites cuire 50 minutes environ. Avant de démouler, laissez le cake refroidir un peu.

IDÉES MIAM-MIAM

CES CAKES CONTIENNENT DE LA FARINE COMPLÈTE ET SONT PLUS CONSISTANTS. VOUS POUVEZ LES UTILISER POUR LE PETIT-DÉJEUNER OU À L'HEURE DE L'APÉRITIF… VOICI QUELQUES IDÉES ET À VOUS D'IMPROVISER !

CAKE RECOMPOSÉ

Coupez le cake en trois dans le sens de la longueur. Sur chaque tranche, étalez une des pâtes à tartiner (voir ci-dessous). Recomposez le cake, emballez-le avec du film alimentaire et laissez reposer au réfrigérateur pendant au moins 2 heures. Coupez le cake en tranches.

MINI-SANDWICHS

- Faites des sandwichs avec du jambon sec, un peu de roquette, des tomates séchées…
- Composez des petites bouchées apéritif avec des pâtes à tartiner (voir ci-dessous).
- Confectionnez des mini-sandwichs apéritif : coupez le cake en tranches fines, déposez un peu de garniture entre deux tranches (du saumon fumé ou du poulet mariné au curry, de la pâte à tartiner, du pesto, des restes d'une ratatouille), enlevez les bords et coupez en trois morceaux égaux.

PÂTES À TARTINER MINUTE

ricotta + raifort

Mélangez 200 g de ricotta avec 4 ou 5 cuillerées à café de raifort râpé. Salez et poivrez.

ricotta + pesto

Mélangez 200 g de ricotta avec 5 cuillerées à café de pesto. Salez et poivrez.

thon + échalotes + citron + mayonnaise

Égouttez une boîte de thon au naturel, hachez finement les échalotes. Dans un bol, mélangez le thon avec les échalotes, ajoutez 3 cuillerées à soupe de mayonnaise et assaisonnez avec le jus de 1 citron. Salez et poivrez.

sardines + fromage blanc + cornichons

Égouttez une ou plusieurs boîtes de sardines et, à l'aide d'une fourchette, écrasez-les grossièrement. Ajoutez 100 g de fromage blanc, 3 cornichons râpés finement et 100 g de mayonnaise. Assaisonnez avec le jus de 1/2 citron. Salez et poivrez.

fromage blanc + cumin + beurre + ciboulette

Fouettez 120 g de beurre en pommade, ajoutez 120 g de fromage blanc bien égoutté, de la ciboulette hachée finement. Assaisonnez avec 1 cuillerée à café de graines de cumin ou de carvi. Salez et poivrez.

fromage blanc + piment

Mélangez le fromage blanc bien égoutté avec 2 cuillerées à café de paprika ou de piment d'Espelette. Ajoutez 1 poignée de ciboulette hachée finement. Salez et poivrez.

roquefort + pomme + noix + beurre

Fouettez 50 g de beurre en pommade, ajoutez 100 g de roquefort écrasé à la fourchette, 1/2 pomme râpée finement et quelques noix hachées grossièrement. Salez et poivrez.

Saint-Morêt + radis + basilic

Hachez 1 botte de radis et mélangez-la avec 150 g de fromage à tartiner de type Saint-Morêt. Ajoutez le basilic coupé grossièrement. Salez et poivrez.

œufs + mayonnaise + herbes fraîches

Hachez finement 4 œufs durs. Ajoutez 50 g de mayonnaise, 100 g de fromage à tartiner de type Saint-Morêt, du persil haché et 1 cuillerée à café de moutarde. Salez et poivrez. Mélangez le tout.

emmental + ail + mayonnaise

Râpez finement 150 g d'emmental, réduisez en purée 3 ou 4 gousses d'ail et mélangez le tout avec 100 g de mayonnaise. Salez et poivrez.

AUX PÉPITES DE CHOCOLAT

Préparation 10 minutes
Cuisson 50 minutes

300 g de farine complète
3 œufs
25 cl de lait fermenté
7 cl d'huile végétale
100 g de pépites de chocolat
1 sachet de levure chimique
sel

Préchauffez le four à 180 °C.

Beurrez et farinez un moule à cake. Si vous utilisez un moule en silicone, il suffit de l'huiler légèrement à l'aide d'une feuille de papier absorbant.

Dans un saladier, battez légèrement les œufs avec le lait fermenté et l'huile. Ajoutez la farine et les pépites de chocolat. Salez. Mélangez. Incorporez délicatement la levure. Versez la pâte dans le moule et enfournez aussitôt.

Faites cuire 50 minutes. Avant de démouler, laissez le cake refroidir un peu.

CAKE AU SÉSAME

Préparation 10 minutes
Cuisson 50 minutes

100 g de farine complète
200 g de farine de châtaigne
3 œufs
25 cl de lait fermenté
7 cl d'huile végétale
3 cuillerées à soupe de sésame
1 sachet de levure chimique
sel

Préchauffez le four à 180 °C.

Dans une poêle, faites griller le sésame à sec pour développer son arôme.

Beurrez et farinez un moule à cake.

Dans un saladier, battez légèrement les œufs avec le lait fermenté et l'huile. Ajoutez les deux farines et le sésame grillé. Salez. Mélangez. Incorporez délicatement la levure. Versez la pâte dans le moule et enfournez aussitôt.

Faites cuire 50 minutes. Avant de démouler, laissez le cake refroidir un peu.

CAKE FIGUES CANNELLE

Préparation 15 minutes
Cuisson 50 minutes

150 g de farine complète
150 g de farine d'épeautre
3 œufs
25 cl de lait fermenté
7 cl d'huile végétale
150 g de figues fraîches
1 cuillerée à café de cannelle moulue
1 sachet de levure chimique
sel

Préchauffez le four à 180 °C.

Coupez les figues en morceaux.

Beurrez et farinez un moule à cake.

Dans un saladier, battez légèrement les œufs avec le lait fermenté et l'huile. Ajoutez les deux farines, les figues et la cannelle. Salez. Mélangez. Incorporez délicatement la levure. Versez la pâte rapidement dans le moule et enfournez aussitôt.

Faites cuire 50 minutes environ. Si jamais le cake devient trop foncé, couvrez-le avec un papier d'aluminium. Avant de démouler, laissez le cake refroidir un peu.

LIQUEUR A LA FRAMBOISE* CREME AUX FRUITS ECR
PETALES DE ROSES CRISTALLISES * FRUITS ENRO
GROSEILLE CURD * CAKE MIEL PIGNONS * CA
BANANES SECHEES NOIX * PAIN D'EPICE FIGUE ABRI
NOIX CANNELLE * CAKE TOUT NOIR AU PAVOT * CA
LA RHUBARBE * FRAMBOISES PATE D'AMANDES
FRAISES PISTACHES POIVRE * FIGUES MARRON
CAROTTES AMANDES * POMMES RAISINS SECS NOI
VANILLE CAKE CAROTTES NOIX * MOELLEUX
CHOCOLAT ECORCE D'ORANGE * IRISH WHISKY * CAK
POIRES SECHEES * THE VERT CHOCOLAT BLANC * T
CAKE AUX FRUITS DE SAISON * CAKE AUX FRUITS
GROSEILLES * CAKE TRES LEGER * CAKE A L'AN
GINGEMBRE A LA CONFITURE D'ORANGES * CAKE AU
CITRON THYM * CAKE AUX DEUX CAFES * CAKE AMA
PRESQUE MUFFIN * SIROPS * LIQUEUR AUX OEUF
CREME AUX FRUITS ECRASES * GLAÇAGE AU CITR
CRISTALLISES * FRUITS ENROBES DE CHOCOLAT *
CAKE MIEL PIGNONS * CAKE AUX NOIX D
SECHEES NOIX * PAIN D'EPICE FIGUE ABRICOT *
CANNELLE * CAKE TOUT NOIR AU PAVOT * CAKE PA
RHUBARBE * FRAMBOISES PATE D'AMANDES * CAKE
PISTACHES POIVRE * FIGUES MARRONS GLACES *

S * GLAÇAGE AU CITRON * PÂTE D'AMANDES MAISO
DE CHOCOLAT * LEMON CURD * COULIS DE FRUIT
AUX NOIX DE PÉCAN * CAKE À L'ANCIENNE * CAK
* PAIN D'ÉPICE POMME POIRE * CAKE PRUNEAUX
PAVOT CITRON * CAKE SÉSAME ANANAS * CAKE ROS
CAKE AUX MIRABELLES * CAKE AUX QUETSCHES
LACÉS * CAKE AUX POIRES ET À L'ANIS * POMME
POTIRON CLOUS DE GIROFLE * CAKE MANGUE
OMMES COURGETTES CHOCOLAT BASILIC POIVRE

* LES CAKES SUCRÉS *

U CHOCOLAT PÉPITE
E CHOCOLAT AMANDES * CAKE PISTACHES CITRON
GES * CAKE MYRTILLES CITRON * CAKE AU
S * CAKE AUX FRUITS DE VERGER * CAKE POIR
ARIN * QUATRE-QUARTS AU CURCUMA * CAKE MIE
S CHICORÉE * CAKE ANISÉ QUATRE-QUARTS ALLÉG
LIQUEUR AU CHOCOLAT * LIQUEUR À LA FRAMBOISE
* PÂTE D'AMANDES MAISON * PÉTALES DE ROSE
ON CURD * COULIS DE FRUITS * GROSEILLE CURD
PÉCAN * CAKE À L'ANCIENNE * CAKE BANANE
N D'ÉPICE POMME POIRE * CAKE PRUNEAUX NOI
CITRON * CAKE SÉSAME ANANAS * CAKE ROSE À L
X MIRABELLES * CAKE AUX QUETSCHES * FRAISE
E AUX POIRES ET À L'ANIS * POMMES CAROTTE

LES DEUX RECETTES DE BASE

J'AI UTILISÉ DANS CE LIVRE DEUX RECETTES DE BASE. LA PREMIÈRE EST LA RECETTE D'UN QUATRE-QUARTS BIEN CONNUE, MAIS « LÉGÈREMENT » MODIFIÉE. J'AI ALLÉGÉ CE CAKE EN DIMINUANT LES QUANTITÉS DE SUCRE ET DE BEURRE. MAIS RIEN NE VOUS EMPÊCHE D'UTILISER LA RECETTE DE BASE TELLE QUELLE.

LA SECONDE EST L'ADAPTATION D'UNE RECETTE DE MUFFINS DANS LAQUELLE ON REMPLACE LE BEURRE PAR DE L'HUILE ET ON AJOUTE DU LAIT FERMENTÉ. LE LAIT FERMENTÉ DONNE AU CAKE UN GOÛT LÉGÈREMENT ACIDE. MAIS VOUS POUVEZ LE REMPLACER PAR DU LAIT DEMI-ÉCRÉMÉ OU ENCORE PAR DU YAOURT OU DE LA CRÈME FRAÎCHE.

QUATRE-QUARTS ALLÉGÉ

Préparation 10 minutes
Cuisson 40 minutes

180 g de farine
3 œufs
180 g de sucre (170 g)
180 g de beurre (150 g)
1/2 sachet de levure chimique
1 pincée de sel

Battez les œufs avec le sucre jusqu'à ce que le mélange devienne mousseux. Incorporez la farine, le beurre fondu et la levure.

PRESQUE MUFFIN

Préparation 10 minutes
Cuisson 40 minutes

300 g de farine
2 œufs
170 g de sucre
20 cl de lait fermenté
10 cl d'huile
1/2 sachet de levure chimique
1 pincée de sel

Battez d'abord tous les ingrédients liquides : œufs, huile, lait. Ajoutez ensuite les ingrédients secs : farine, sucre, sel.

Cette recette convient parfaitement aux moules individuels car vous obtiendrez un cake très moelleux. Mais vous pouvez aussi le préparer dans un moule à cake rectangulaire.

FARINE

Remplacez une partie de la farine par de la poudre d'amandes, de noix ou de noisettes mais aussi par des flocons d'avoine et autres céréales.

SUCRE

Remplacez le sucre blanc par de la cassonade ou par de la vergeoise.

DU FOND DU PLACARD

Ajoutez toutes sortes d'ingrédients que vous trouvez dans vos placards. Ne vous limitez pas aux ingrédients bien connus, comme les fruits confits ou les fruits secs. Essayez des associations qui sortent un peu des sentiers battus comme le café en poudre ou le café moulu, la chicorée liquide ou en poudre, le miel, les épices, les herbes...

FRUITS

Si vous utilisez des fruits, préférez toujours les fruits frais aux fruits congelés car ils sont plus savoureux et tiennent mieux à la cuisson. Si vous optez pour les fruits congelés, sachez qu'il vaut mieux les décongeler avant de les incorporer à la pâte. Toutefois, veillez à ce qu'ils restent fermes.

HERBES ET ÉPICES

Ajoutez quelques herbes ou épices à vos cakes sucrés : toutes sortes de poivre, curcuma, cardamome, basilic, thym... Contrairement à ce que l'on croit, les épices et les herbes se marient parfaitement avec le goût sucré.

ALCOOLS

Si vos cakes ne sont pas destinés aux enfants, parfumez-les avec des alcools forts comme le rhum, le cognac, le pastis ou autre. Ajoutez-en directement dans la pâte ou imbibez le cake après la cuisson.

MES DÉCOUVERTES

Pour vous aider dans vos recherches gustatives voici quelques heureux mariages :

chocolat / poivre

citron / thym

fraise / poivre

rhubarbe / cardamome

curcuma / gingembre

anis / chocolat

le kit des cakes sucrés

LES PETITS +

À VOUS DE VOIR SI VOUS PRÉFÉREZ LE SUCRE BLANC, ROUX OU BRUN, LES FRUITS CONFITS OU LES FRUITS SECS… L'ESSENTIEL EST DE CHOISIR LES INGRÉDIENTS AVEC SOIN.

LE SUCRE

sucre en poudre

Donne une texture légère et croustillante.

sucre glace

Il est obtenu par broyage du sucre cristallisé blanc. Utilisez-le pour saupoudrer les cakes ou pour faire des cakes meringués ou encore des glaçages. Il faut le conserver à l'abri de l'humidité car ses grains risquent de former des blocs.

cassonade

Sucre extrait directement du jus de la canne à sucre. La couleur brune et le léger goût de rhum sont dus aux résidus de gomme et de cire. Elle donne un arôme particulier aux cakes sucrés.

sucre brun ou vergeoise

Sucre de raffinerie, à consistance moelleuse, coloré et parfumé par des composants naturels. Il est de couleur brun foncé et a une saveur très prononcée. Pour les cakes, vous pouvez l'utiliser à la place du sucre en poudre habituel. Conservez-le à l'abri de l'humidité dans une boîte hermétiquement fermée.

LES FRUITS SECS MOELLEUX

Abricots, pruneaux, figues, pommes ou poires, bananes, dattes, papayes, sans oublier les raisins secs. Vous n'avez que l'embarras du choix.

Réhydratez les fruits secs dans des alcools forts, dans des jus de fruits ou encore dans du thé ou des tisanes : ils absorbent à merveille toutes les saveurs. En ce qui concerne la réhydratation (trempage), il est toujours préférable de s'y prendre à l'avance (la veille pour le lendemain). Mais sachez que vous pouvez les faire gonfler rapidement au micro-ondes : faites-les chauffer 2 ou 3 minutes en position de puissance 800 W.

Les fruits moelleux se marient bien avec les fruits secs (noix, amandes, noisettes) ou encore avec les fruits ou les légumes râpés.

LES FRUITS CONFITS

Dans les grandes surfaces, vous trouverez facilement des écorces d'orange et de citron, des bigarreaux ou de l'angélique. Mais si vous avez l'occasion, achetez les fruits confits de qualité chez un pâtissier ou chez un confiseur. Le goût et l'aspect n'ont rien à voir avec les fruits confits industriels. De plus, vous ne serez pas limité dans le choix.

NOIX, NOISETTES ET CIE

amandes

Les amandes sont vendues blanches ou émondées (débarrassées de la pellicule brune), entières, effilées, hachées grossièrement, en poudre ou en pâte sucrée. Il est préférable de les acheter en petite quantité car elles rancissent rapidement.

Pour retirer la membrane brune des amandes, il suffit de les faire blanchir 2 minutes dans de l'eau bouillante puis de les peler d'une légère pression en tenant l'amande entre le pouce et l'index.

Pour développer l'arôme des amandes, faites-les griller à sec rapidement dans une poêle antiadhésive.

cerneaux de noix

Pour obtenir de la poudre de noix, hachez les cerneaux de noix dans un mixeur. La noix se conserve très bien dans un bocal hermétiquement fermé au réfrigérateur ou encore au congélateur.

noisettes

Pour obtenir de la poudre de noisettes, hachez-les dans un mixeur. Afin de les rendre plus savoureuses, faites-les griller à sec quelques minutes dans une poêle antiadhésive.

PIGNONS DE PIN ET PISTACHES

C'est une petite graine blanche, extraite de la pigne (pomme de pin) du pin parasol des régions méditerranéennes. Vous pouvez en trouver facilement dans les grandes surfaces.

La pistache verte s'utilise en poudre ou en entier pour la décoration.

CASSONADE

VERGEOISE

FRUITS FRAIS

FRUITS SECS

FRUITS CONFITS

AMANDES ET NOISETTES

PIGNONS DE PIN

PISTACHES VERTES

DÉCO

ON MANQUE SOUVENT D'IDÉES ORIGINALES, ON NE SAIT PAS OÙ LES TROUVER. NE VOUS CASSEZ PAS LA TÊTE, ORIGINAL NE VEUT PAS DIRE COMPLIQUÉ. TROUVEZ QUELQUES IDÉES SIMPLES.

IDÉES DE DÉCORATION : CONSEILS PERSO

Si votre inspiration est épuisée, regardez autour de vous, consultez les livres de déco ou, mieux, allez voir la vitrine de votre pâtissier préféré. Examinez bien tous ses gâteaux. Il y en a sûrement un dont la décoration vous plaît. Le but n'est pas de reproduire la même chose, mais de trouver quelques idées pour votre cake. Si vous en avez au moins une, c'est déjà gagné ! Et puis vous avez peut-être quelques perles en sucre colorées, fleurs en sucre ou des billes argentées...

QUELQUES IDÉES INÉDITES

Pour encore plus de goût et de saveur, imbibez vos cakes de sirops ou de liqueurs.

Voici quelques idées.

SIROPS

50 cl d'eau
250 g de sucre

Dans une casserole, faites chauffez l'eau, ajoutez le sucre et laissez cuire pendant 2 minutes. Retirez du feu et laissez refroidir.

Vous pouvez ajouter dans ce sirop de base toutes sortes d'alcools forts : rhum, kirsch, whisky, poire... Comptez environ 10 à 15 cl, mais tout dépend de votre goût.

LIQUEUR AUX OEUFS

4 jaunes d'œufs
1 boîte de lait concentré sucré
1 boîte de lait concentré non sucré
50 cl de rhum ou de vodka

Mixez ensemble les jaunes d'œufs et les deux boîtes de lait concentré. Ajoutez le rhum ou la vodka. Versez dans une bouteille et gardez au frais.

LIQUEUR AU CHOCOLAT

20 cl d'eau
150 g de sucre
50 cl de lait
100 g de chocolat noir
30 cl de rhum

Faites chauffer l'eau, ajoutez le sucre et laissez cuire 2 minutes. Dans une autre casserole, faites chauffer le lait et faites-y fondre le chocolat noir. Retirez du feu et laissez refroidir. Mixez le tout avec le rhum. Versez dans une bouteille et gardez au frais.

LIQUEUR À LA FRAMBOISE

250 g de framboises
50 cl d'eau-de-vie
50 cl d'eau
170 g de sucre

Mettez les framboises dans un bocal avec l'eau-de-vie. Laissez macérer 1 mois. Préparez le sirop avec l'eau et le sucre. Ajoutez-le à l'alcool. Versez-le dans une bouteille et laissez reposer encore 2 ou 3 jours.

CRÈME AUX FRUITS ÉCRASÉS

200 g de crème fraîche très froide
2 cuillerées à soupe de sucre glace
125 g de framboises, de fruits de la passion, de fraises ou autre fruit de saison

Dans un saladier froid, montez la crème fraîche en chantilly. Quand elle commence à prendre, ajoutez progressivement le sucre. Ajoutez les fruits grossièrement écrasés et nappez le cake de cette préparation.

Variante Vous pouvez remplacer la chantilly par du mascarpone, ou encore faire un mélange moitié mascarpone et moitié chantilly.

DÉCO

LE GLAÇAGE PEUT AMÉLIORER L'ASPECT DES CAKES AINSI QUE LEUR CONSERVATION.

GLAÇAGE AU CITRON

150 g de sucre
1 cuillerée à soupe d'eau très chaude
3 cuillerées à soupe de jus de citron

Mélangez le sucre, l'eau et le jus de citron jusqu'à ce que le glaçage soit lisse et brillant.

VARIANTES

• à l'orange

Remplacez le jus de citron par du jus d'orange.

• au café

Remplacez l'eau et le jus de citron par du café très fort.

• au lait

Remplacez l'eau et le jus de citron par du lait.

• à la crème

Remplacez l'eau par de la crème liquide chaude.

• au rhum

Remplacez une petite quantité d'eau par du rhum.

• rouge

remplacez une petite quantité d'eau par de la grenadine.

PÂTE D'AMANDES MAISON

100 g de poudre d'amandes
100 g de sucre glace
1 blanc d'œuf
quelques gouttes d'essence d'amande amère

Battez légèrement le blanc d'œuf à l'aide d'une fourchette. Mélangez le sucre et la poudre d'amandes, puis ajoutez peu à peu le blanc d'œuf. Travaillez l'ensemble jusqu'à ce que la pâte soit homogène et ne colle pas aux doigts. Si la pâte est trop liquide, ajoutez du sucre, et si elle est trop compacte, ajoutez du blanc d'œuf.
La pâte d'amandes se conserve quelques jours au réfrigérateur, enveloppée dans du film alimentaire.

PÉTALES DE ROSES CRISTALLISÉS

1 blanc d'œuf
sucre en poudre
les pétales de 1 rose

Trempez les pétales dans le blanc d'œuf et saupoudrez-les de sucre. Laissez sécher au moins 1 heure.

Variante Remplacez les pétales de rose par de petits fruits (groseilles, cerises, framboises, cassis, fraises, petits abricots). Pour un effet encore plus spectaculaire, gardez la tige et givrez les fruits en entiers.

FRUITS ENROBÉS DE CHOCOLAT

50 g de chocolat noir ou blanc
1 cuillerée à café d'huile
fruits de votre choix

Faites fondre le chocolat avec l'huile. Trempez-y les fruits puis laissez durcir pendant 30 minutes. Vous pouvez ensuite décorer le fruit avec un glaçage de votre choix.

COULIS, SAUCES & CIE

ET VOICI QUELQUES IDÉES DE GOURMANDISES POUR ACCOMPAGNER VOS CAKES SUCRÉS. ESSAYEZ, C'EST DÉLICIEUX !

LEMON CURD

le jus et les zestes de 2 gros citrons
200 g de sucre
90 g de beurre
3 œufs

Dans un bol, mélangez tous les ingrédients. Faites cuire au bain-marie à feu doux et remuez régulièrement jusqu'à épaississement.

COULIS DE FRUITS

250 g de fruits (framboises, fraises, mangues, kiwis...)
1 sachet de sucre vanillé

Mixez les fruits avec le sucre vanillé. Ajoutez du sucre suivant votre goût.

GROSEILLE CURD

C'est comme le lemon curd, mais on remplace le citron par un autre fruit acide.

250 g de groseilles fraîches ou congelées
200 g de sucre
le jus de 1 citron
90 g de beurre
3 œufs

Faites cuire les groseilles 5 minutes avec un peu d'eau. Vous devez obtenir une sorte de purée. Ajoutez le sucre, le jus de citron, le beurre coupé en morceaux et les œufs. Faites cuire au bain-marie sans cesser de remuer jusqu'à ce que le mélange épaissie.

Variante Vous pouvez aussi utiliser des framboises, des fruits de la passion, des airelles, des groseilles à maquereau...

UNE PETITE REMARQUE

Sachez que la plupart des cakes sont meilleurs si vous les laissez reposer 24 heures.
Mais je comprends tout à fait que, parfois, cela relève d'une mission impossible...

CAKE AU LEMON CURD

Préparation 15 minutes
Cuisson 50 minutes

180 g de farine
3 œufs
160 g de sucre
170 g de beurre
1 cuillerée à café de cannelle moulue
1 pot de lemon curd
1/2 sachet de levure chimique
1 pincée de sel

Préchauffez le four à 180 °C.

Faites fondre le beurre au micro-ondes ou au bain-marie.

Beurrez et farinez un moule à cake.

Dans un saladier, fouettez les œufs avec le sucre jusqu'à ce que le mélange devienne mousseux. Ajoutez peu à peu la farine, le sel et le beurre fondu. Ajoutez la cannelle. Mélangez. Incorporez la levure. Versez la pâte dans le moule.

Enfournez pour 50 minutes. Avant de démouler, laissez le cake refroidir complètement.

Coupez le cake en trois tranches dans l'épaisseur et nappez chaque tranche d'une couche de lemon curd. Mettez le cake au réfrigérateur pour 1 heure avant de le couper en tranches.

PRENEZ VOS FRUITS SECS PRÉFÉRÉS, FAITES-LES MACÉRER DANS UN ALCOOL FORT SI VOUS LE SOUHAITEZ, PUIS AJOUTEZ-LES À VOS CAKES.

CAKE MIEL PIGNONS

Préparation 10 minutes
Cuisson 40 minutes

250 g de farine
2 œufs
100 g de sucre brun
4 cuillerées à soupe de miel
10 cl d'huile végétale
12 cl de lait fermenté (dans les épiceries orientales)
100 g de pignons de pin
1/2 cuillerée à café de cannelle moulue
1 poignée de thym frais ou de romarin (facultatif)
1/2 sachet de levure chimique
1/2 cuillerée à café de bicarbonate de soude (facultatif)
1 pincée de sel

Préchauffez le four à 180 °C.

Hachez finement le thym.

Beurrez et farinez un moule à cake.

Dans un grand saladier, battez légèrement les œufs avec le sucre, l'huile, le miel et le lait fermenté. Ajoutez progressivement la farine, le sel, les pignons de pin, la cannelle et le thym. Mélangez sans lisser complètement la pâte. Incorporez délicatement la levure. Versez la pâte dans le moule et enfournez aussitôt.

Faites cuire 40 minutes. Avant de démouler, laissez le cake refroidir un peu.

Note Si vous n'avez pas de lait fermenté, vous pouvez ajouter quelques gouttes de citron dans le lait frais ou le remplacer par de la crème fraîche. Vous pouvez aussi remplacer les pignons de pin par des pistaches vertes.

CAKE AUX NOIX DE PÉCAN

Préparation 10 minutes
Cuisson 40 minutes

180 g de farine
1 œuf
15 cl de sirop d'érable
50 g de sucre
125 g de beurre
20 cl de crème fraîche
1 poignée de cerneaux de noix de pécan
1/2 sachet de levure chimique
1 pincée de sel

Préchauffez le four à 180 °C.

Faites fondre le beurre. Hachez grossièrement les noix de pécan. Beurrez et farinez un moule à cake.

Dans un grand saladier, battez légèrement l'œuf avec le sirop d'érable, le sucre, la crème fraîche et le beurre fondu. Ajoutez la farine, les noix de pécan et le sel. Mélangez sans lisser complètement la pâte. Incorporez délicatement la levure. Versez la pâte dans le moule et enfournez. Faites cuire 40 minutes. Avant de démouler, laissez le cake refroidir un peu.

CAKE À L'ANCIENNE

Trempage 1 heure
Préparation 20 minutes
Cuisson 40 minutes

250 g de farine
3 œufs
200 g de sucre brun
200 g de beurre ramolli
250 g de raisins secs (mélangez plusieurs variétés : Smyrne, Corinthe, Malaga)
100 g d'écorces de fruits confits (orange, mandarine, citron)
100 g de cerises confites (bigarreaux)
100 g de noisettes hachées (ou de cerneaux de noix)
1 pincée de cannelle moulue
1/2 cuillerée à café de poivre de Sechuan ou de poivre de Jamaïque moulu
10 cl de rhum ou de cognac
le zeste de 1 citron non traité
1 sachet de levure chimique
1 pincée de sel

Mettez tous les fruits secs et les fruits confits dans un bol et arrosez-les avec le rhum ou le cognac. Laissez macérer 1 heure. (En ce qui concerne le temps de trempage des fruits secs, je n'en fais pas un principe car je sais par expérience qu'on ne pense à la préparation du cake qu'au moment où l'on s'y met vraiment.)

Préchauffez le four à 180 °C.

Beurrez et farinez un moule à cake.

Dans un grand saladier, travaillez le beurre ramolli avec le sucre. Ajoutez les œufs un par un puis la farine, le sel, les fruits secs macérés, le zeste d'un citron, la cannelle et le poivre de Sechuan. Mélangez sans lisser complètement la pâte. Incorporez délicatement la levure. Versez la pâte dans le moule et enfournez aussitôt.

Faites cuire 40 minutes environ.
Avant de démouler, laissez le cake refroidir.

CAKE BANANES SÉCHÉES NOIX

Préparation 15 minutes
Cuisson 40 minutes

180 g de farine complète
3 œufs
150 g de sucre brun
10 cl d'huile végétale
100 g de bananes séchées hachées
2 poignées de cerneaux de noix hachés
1/2 sachet de levure chimique
1 pincée de sel

Préchauffez le four à 180 °C.

Beurrez et farinez un moule à cake.

Dans un saladier, battez les œufs avec le sucre et l'huile. Ajoutez la farine, le sel, les bananes séchées et les noix. Mélangez sans lisser complètement la pâte. Incorporez la levure. Versez la pâte dans le moule et enfournez. Faites cuire 40 minutes.

Variante Remplacez les bananes par des dattes ou ajoutez 5 cl de rhum.

PAIN D'ÉPICE FIGUE ABRICOT

Trempage 1 heure
Préparation 15 minutes
Cuisson 40 minutes

150 g de farine de châtaigne
100 g de farine
3 œufs
30 g de sucre glace
50 g de beurre
180 g de miel (5 cuillerées à soupe bien pleines)
9 cl de lait demi-écrémé
5 cl de rhum
2 poignées de figues sèches
2 poignées d'abricots secs
2 poignées de raisins secs
2 poignées de noisettes
le zeste de 1 citron
le zeste de 1/2 orange
1 cuillerée à café de quatre-épices
1 sachet de levure chimique
1 pincée de sel

Préchauffez le four à 180 °C.

Faites tremper les abricots, les figues, les raisins et les zestes dans le rhum pendant 1 heure. Beurrez et farinez un moule à cake.

Fouettez les œufs avec le sucre jusqu'à ce que le mélange blanchisse. Ajoutez le lait avec le miel, les deux farines, le sel et le beurre fondu. Incorporez les fruits secs avec le rhum, les noisettes, le quatre-épices et la levure. Versez la pâte dans le moule. Enfournez et faites cuire 40 minutes.

Note Le quatre-épices est un mélange à base de cannelle, muscade et girofle. La quatrième épice peut varier : gingembre, poivre, piment, etc.
Pour préparer le quatre-épices, mélangez 1 g de noix de muscade, 6 g de cannelle, 2 clous de girofle, 6 g d'anis vert, 1 g de gingembre, 1 g de poivre de Jamaïque. Réduisez toutes les épices en poudre dans un mortier.

PAIN D'ÉPICE POMME POIRE

Trempage 1 heure
Préparation 20 minutes
Cuisson 40 minutes

140 g de farine de seigle
60 g de farine
3 œufs
30 g de sucre glace
50 g de beurre
180 g de miel (5 cuillerées à soupe bien pleines)
9 cl de lait demi-écrémé
5 cl de calvados
2 poignées de pommes sèches hachées
2 poignées de poires sèches hachées
2 poignées de raisins secs
2 poignées de noix hachées
le zeste de 1/2 orange
1 cuillerée à café de quatre-épices
1 sachet de levure chimique
1 pincée de sel

Préchauffez le four à 180 °C.

Faites tremper les fruits secs avec les raisins et le zeste d'orange dans le calvados pendant 1 heure.

Faites chauffer le lait. Ajoutez-y le miel et laissez-le fondre. Beurrez et farinez un moule à cake.

Fouettez les œufs avec le sucre jusqu'à ce que le mélange double de volume. Ajoutez le lait avec le miel, les deux farines, le sel et le beurre fondu. Incorporez les fruits secs avec le calvados, les noix, le quatre-épices et la levure. Versez la pâte dans le moule et enfournez. Faites cuire 40 minutes.

CAKE PRUNEAUX NOIX CANNELLE

Préparation 15 minutes
Cuisson 40 minutes

250 g de farine
2 œufs
150 g de sucre brun
10 cl d'huile végétale
1 pot de yaourt nature
150 g de pruneaux
2 poignées de cerneaux de noix
1/2 cuillerée à café de cannelle moulue
5 cl de rhum
1/2 sachet de levure chimique
1 pincée de sel

Préchauffez le four à 180 °C.

Dans un mixeur, hachez les trois quarts des pruneaux avec le rhum jusqu'à obtenir une pâte assez homogène. Hachez grossièrement les noix et le reste des pruneaux.

Beurrez et farinez un moule à cake.

Battez les œufs avec le sucre et ajoutez l'huile, la pâte de pruneaux au rhum et le yaourt. Ajoutez la farine, le sel, la cannelle, les pruneaux hachés et les noix. Mélangez sans lisser complètement la pâte. Incorporez la levure. Versez la pâte dans le moule et enfournez. Faites cuire 40 minutes.

CAKE TOUT NOIR AU PAVOT

Préparation 10 minutes
Cuisson 40 minutes

250 g de farine
2 œufs
125 g de sucre glace
125 g de beurre
12 cl de lait demi-écrémé
180 g de graines de pavot
le zeste de 1 citron non traité
1/2 sachet de levure chimique
1 pincée de sel

Préchauffez le four à 180 °C.

Faites fondre le beurre.

Beurrez et farinez un moule à cake.

Dans un grand saladier, fouettez les œufs avec le sucre. Quand le mélange double de volume et devient mousseux, ajoutez peu à peu la farine, le sel, le pavot, le lait, le zeste de citron et le beurre fondu. Incorporez délicatement la levure. Versez la pâte dans le moule et enfournez aussitôt.

Faites cuire 40 minutes environ.
Avant de démouler, laissez le cake refroidir un peu.

CAKE PAVOT CITRON

Préparation 15 minutes
Cuisson 40 minutes

180 g de farine
3 œufs
170 g de sucre
150 g de beurre
le jus de 2 citrons
le zeste de 1 citron
1 cuillerée à soupe de graines de pavot
1/2 sachet de levure chimique
1 pincée de sel

Préchauffez le four à 180 °C.

Faites fondre le beurre au micro-ondes. Lavez les citrons. Râpez le zeste de l'un d'eux et pressez les deux pour obtenir le jus.

Beurrez et farinez un moule à cake.

Dans un saladier, fouettez les œufs avec le sucre. Quand le mélange double de volume et devient mousseux, ajoutez la farine, le sel, le beurre fondu, les graines de pavot, le zeste et le jus de citron. Mélangez sans lisser complètement la pâte. Incorporez délicatement la levure. Versez la pâte dans le moule et enfournez aussitôt.

Faites cuire 40 minutes environ.
Avant de démouler, laissez le cake refroidir un peu.

CAKE SÉSAME ANANAS

Préparation 15 minutes
Cuisson 40 minutes

180 g de farine
3 œufs
100 g de sucre
125 g de beurre
100 g de plaquette de sésame (dans une épicerie orientale)
150 g d'ananas (frais ou congelé)
1/2 sachet de levure chimique
1 pincée de sel

Préchauffez le four à 180 °C.

Faites fondre le beurre. Cassez grossièrement les plaquettes de sésame sans les réduire en miettes. Si vous utilisez de l'ananas frais, coupez-le en petits morceaux. Si vous utilisez de l'ananas congelé, décongelez-le avant utilisation puis coupez-le en morceaux.

Beurrez et farinez un moule à cake.

Travaillez les œufs avec le sucre dans un grand saladier. Quand le mélange double de volume et devient mousseux, ajoutez peu à peu la farine, le sel et le beurre fondu. Incorporez ensuite les plaquettes de sésame et l'ananas. Mélangez sans lisser complètement la pâte. Incorporez délicatement la levure. Versez la pâte dans le moule et enfournez aussitôt.

Faites cuire 40 minutes environ. Avant de démouler, laissez le cake refroidir un peu.

Note Vous pouvez remplacer les plaquettes de sésame par du pralin prêt à l'emploi.

UNE MULTITUDE DE FRUITS
POUR SATISFAIRE TOUS LES GOÛTS.
Y TROUVEREZ-VOUS VOTRE BONHEUR ?

CAKE ROSE À LA RHUBARBE

Préparation 15 minutes
Cuisson 50 minutes

180 g de farine
3 œufs
170 g de sucre
150 g de beurre
2 ou 3 tiges de rhubarbe (de préférence fraîche)
4 gousses de cardamome
1/2 sachet de levure chimique
1 pincée de sel

Préchauffez le four à 180 °C.

Faites fondre le beurre au micro-ondes ou au bain-marie. Coupez 1/2 tige de rhubarbe en bâtonnets de 3 cm de long : ils vous serviront pour la décoration. Coupez le reste de la rhubarbe en petits morceaux. N'épluchez surtout pas la rhubarbe pour qu'elle garde sa belle couleur rose. Dans un mortier, réduisez les graines de cardamome en poudre.

Beurrez et farinez un moule à cake.

Dans un grand saladier, fouettez les œufs avec le sucre. Quand le mélange double de volume et devient mousseux, ajoutez peu à peu la farine, le sel et le beurre fondu. Ajoutez les morceaux de rhubarbe et la cardamome. Incorporez délicatement la levure. Versez la pâte dans le moule. Disposez les bâtonnets de rhubarbe sur toute la surface de cake et enfournez aussitôt.

Laissez cuire 50 minutes. Avant de démouler, laissez le cake refroidir un peu.

FRAMBOISES PATE D'AMANDES

Préparation 15 minutes
Cuisson 40 minutes

180 g de farine
3 œufs
150 g de sucre vergeoise
150 g de beurre fondu
100 g de pâte d'amandes en petits morceaux
150 g de framboises fraîches ou congelées
1/2 sachet de levure chimique
1 pincée de sel

Préchauffez le four à 180 °C.

Beurrez et farinez un moule à cake.

Dans un saladier, fouettez les œufs avec le sucre. Quand le mélange double de volume, ajoutez la farine, le sel, le beurre et la pâte d'amandes. Ajoutez les framboises et donnez un tour de cuillère en bois. Mélangez délicatement pour ne pas écraser les framboises. Incorporez la levure. Versez la pâte dans le moule et enfournez.

Faites cuire 40 minutes.

CAKE AUX MIRABELLES

Préparation 20 minutes
Cuisson 40 minutes

200 g de farine
100 g de flocons d'avoine (type Quaker)
2 œufs
180 g de sucre brun (la vergeoise)
10 cl d'huile végétale
20 cl de lait fermenté
200 g de mirabelles dénoyautées et coupées en quartiers
1/4 de cuillerée à café de cannelle moulue
1/2 sachet de levure chimique
1 pincée de sel

Pour le crumble
50 g de farine
50 g de poudre d'amandes
50 g de beurre froid en petits cubes
40 g de sucre

Préchauffez le four à 180 °C.

Pour le crumble, mélangez tous les ingrédients du bout des doigts pour bien incorporer le beurre. Le mélange doit rester sableux. Placez au congélateur.

Beurrez et farinez un moule à cake.

Battez les œufs avec le sucre, le lait fermenté et l'huile. Ajoutez la farine, les flocons d'avoine et le sel, puis les mirabelles et la cannelle. Mélangez sans lisser complètement la pâte. Incorporez la levure puis versez la pâte dans le moule. Saupoudrez le tout avec le crumble et mettez au four.

Au bout de 20 minutes, couvrez le cake avec du papier d'aluminium pour éviter que le crumble ne brûle. Remettez au four pour 20 minutes. Avant de démouler, laissez le cake refroidir un peu.

CAKE AUX QUETSCHES

Préparation 20 minutes
Cuisson 40 minutes

200 g de farine
100 g de poudre de noisettes
2 œufs
180 g de sucre
10 cl d'huile végétale
20 cl de lait fermenté
200 g de quetsches dénoyautées, en morceaux (ou prunes)
1 poignée de noisettes hachées
1/2 sachet de levure chimique
1 pincée de sel

Pour le crumble
100 g de farine
50 g de beurre froid en cubes
40 g de sucre

Préchauffez le four à 180 °C.

Pour le crumble, mélangez tous les ingrédients du bout des doigts. Le mélange doit rester sableux. Placez au congélateur. Beurrez et farinez un moule.

Battez les œufs avec le sucre, le lait fermenté et l'huile. Ajoutez la farine, la poudre de noisettes et le sel. Ajoutez les quetsches et les noisettes. Mélangez. Incorporez la levure puis versez la pâte dans le moule. Saupoudrez le tout avec le crumble et mettez au four.

Au bout de 20 minutes, couvrez le cake avec du papier d'aluminium pour éviter que le crumble ne brûle. Remettez au four pour 20 minutes.

Note Utilisez un moule en silicone. Cela permet de ne pas le retourner pendant le démoulage.

FRAISES PISTACHES POIVRE

Préparation 15 minutes
Cuisson 40 minutes

180 g de farine
3 œufs
170 g de sucre
150 g de beurre fondu
150 g de fraises équeutées et coupées en deux
1/4 de cuillerée à café de poivre de Sechuan en poudre
1 poignée de pistaches vertes hachées
1/2 sachet de levure chimique
1 pincée de sel

Préchauffez le four à 180 °C.

Beurrez et farinez un moule à cake.

Battez les œufs avec le sucre. Quand le mélange double de volume, ajoutez la farine, le beurre fondu, le poivre de Sechuan, le sel et les pistaches. Incorporez la levure. Versez la pâte dans le moule et enfournez. Au bout de 20 minutes, disposez les fraises sur le dessus du cake et remettez au four pour 20 minutes.

Note Les fraises perdent leur forme pendant la cuisson. Ne les coupez pas en trop petits morceaux.

FIGUES MARRONS GLACÉS

Préparation 15 minutes
Cuisson 40 minutes

100 g de farine complète
100 g de farine de châtaigne
3 œufs
140 g de sucre
150 g de beurre
150 g de brisures de marrons glacés
150 g de figues (de préférence fraîches)
1 poignée de noix (facultatif)
1/2 sachet de levure chimique
1 pincée de sel

Préchauffez le four à 180 °C.

Faites fondre le beurre au micro-ondes ou au bain-marie. Coupez les figues en quatre. Hachez grossièrement les noix.

Beurrez et farinez un moule à cake.

Dans un grand saladier, fouettez les œufs avec le sucre. Quand le mélange double de volume et devient mousseux, ajoutez progressivement les deux farines, le sel et le beurre fondu. Ajoutez les brisures de marrons glacés, les noix et trois quarts de figues (gardez le reste de figues pour la décoration). Donnez deux tours de cuillère en bois pour mélanger. Faites attention à ne pas trop écraser les figues. Incorporez délicatement la levure. Versez la pâte dans le moule. Déposez le reste des figues sur le dessus du cake et enfournez.

Faites cuire 40 minutes. Avant de démouler, laissez le cake refroidir un peu.

Idée Parfumez votre cake en ajoutant 1 pincée de cannelle.

CAKE AUX POIRES ET À L'ANIS

Préparation 15 minutes
Cuisson 40 minutes

180 g de farine
3 œufs
150 g de cassonade
150 g de beurre
2 poires
1/2 cuillerée à café d'anis moulu
1/2 sachet de levure chimique
1 pincée de sel

Préchauffez le four à 180 °C.

Lavez les poires et coupez-les en petits morceaux sans les éplucher. Si vous n'avez pas d'anis moulu, vous pouvez broyer les graines d'anis vert dans un mortier ou dans un moulin à café.

Beurrez et farinez un moule à cake.

Dans un grand saladier, fouettez les œufs avec la cassonade. Quand le mélange double de volume et devient mousseux, ajoutez peu à peu la farine, le sel et le beurre fondu. Ajoutez les poires et l'anis moulu. Mélangez délicatement. Incorporez la levure. Versez la pâte dans le moule et enfournez.

Faites cuire 40 minutes. Avant de démouler, laissez le cake refroidir un peu.

POMMES CAROTTES AMANDES

Préparation 20 minutes
Cuisson 40 minutes

150 g de farine
100 g d'amandes en poudre
3 œufs
150 g de sucre brun
125 g de beurre
1 pomme
1 carotte
1 poignée de raisins secs
2 cuillerées à café d'essence d'amandes amères
le zeste de 1 citron
le jus de 1 citron
1/2 sachet de levure chimique
1/2 cuillerée à café de bicarbonate de soude
1 pincée de sel

Préchauffez le four à 180 °C.

Épluchez les pommes et les carottes, puis râpez-les finement. Faites fondre le beurre au micro-ondes.

Beurrez et farinez un moule à cake.

Dans un saladier, travaillez les œufs avec le sucre. Quand le mélange double de volume et devient mousseux, ajoutez peu à peu la farine, le sel, la poudre d'amandes et le beurre fondu. Incorporez ensuite les pommes, les carottes, les raisins, l'essence d'amandes amères, le jus et le zeste de citron. Mélangez sans lisser complètement la pâte. Incorporez la levure et le bicarbonate de soude. Versez la pâte dans le moule et enfournez. Faites cuire 40 minutes.

POMMES RAISINS SECS NOIX

Préparation 20 minutes
Cuisson 40 minutes

180 g de farine
3 œufs
170 g de sucre
150 g de beurre
200 g de pommes râpées (2 ou 3 pommes, suivant la taille)
1 poignée de cerneaux de noix hachés
2 poignées de raisins secs
1/2 cuillerée à café de cannelle moulue
1/2 sachet de levure chimique
1/2 cuillerée à café de bicarbonate de soude
1 pincée de sel

Préchauffez le four à 180 °C.

Faites fondre le beurre au micro-ondes ou au bain-marie. Râpez les pommes. (Si vous n'aimez pas éplucher les pommes, coupez-les en quartiers, enlevez le trognon et commencez à râper la pomme à partir du milieu. Arrêtez-vous lorsqu'il ne vous reste plus que la peau dans la main.)

Beurrez et farinez un moule à cake.

Dans un saladier, travaillez les œufs avec le sucre. Quand le mélange double de volume et devient mousseux, ajoutez peu à peu la farine et le beurre fondu. Incorporez ensuite les pommes râpées, les raisins secs, les noix et la cannelle. Mélangez sans lisser complètement la pâte. Incorporez délicatement la levure et le bicarbonate de soude. Versez la pâte dans le moule et enfournez aussitôt.

Faites cuire 40 minutes. Avant de démouler, laissez le cake refroidir un peu.

Variante Vous pouvez ajouter 2 cuillerées à soupe de cacao non sucré à la pâte.

POTIRON CLOUS DE GIROFLE

Préparation 20 minutes
Cuisson 40 minutes

100 g de farine
100 g d'amandes en poudre
3 œufs
170 g de sucre
10 cl d'huile végétale
100 g de potiron
1 pomme
1 poignée de raisins secs
1/4 de cuillerée à café de clou de girofle moulu
1/2 sachet de levure chimique
1/2 cuillerée à café de bicarbonate de soude
1 pincée de sel

Préchauffez le four à 180 °C.

Râpez le potiron et la pomme. Si vous n'avez pas de clous de girofle en poudre, écrasez 5 clous de girofle entiers dans un mortier ou dans un moulin à café.

Beurrez et farinez un moule à cake.

Dans un grand saladier, battez légèrement les œufs avec le sucre et l'huile. Ajoutez progressivement la pomme et le potiron râpés, les raisins secs, les clous de girofle, la farine et le sel. Mélangez sans lisser complètement la pâte. Incorporez délicatement la levure et le bicarbonate de soude. Versez la pâte dans le moule et enfournez aussitôt.

Faites cuire 40 minutes. Laissez tiédir le cake dans le moule hors du four 15 minutes, puis démoulez-le et laissez refroidir sur une grille.

Note Ajoutez 1 poignée de noix de pécan hachées.

CAKE MANGUE VANILLE

Préparation 15 minutes
Cuisson 40 minutes

180 g de farine
3 œufs
160 g de sucre
150 g de beurre
1 mangue
les graines de 1 gousse de vanille
1/2 sachet de levure chimique
1 pincée de sel

Préchauffez le four à 180 °C.

Faites fondre le beurre au micro-ondes. Épluchez la mangue, ôtez le noyau et coupez la chair en petits morceaux. Fendez la gousse de vanille en deux et récupérez les graines.

Beurrez et farinez un moule à cake.

Dans un grand saladier, fouettez les œufs avec le sucre. Quand le mélange est mousseux, ajoutez peu à peu la farine, le beurre fondu et le sel. Ajoutez les graines de vanille et les morceaux de mangue. Donnez deux tours de cuillère en bois. Incorporez délicatement la levure. Versez la pâte dans le moule et enfournez. Faites cuire 40 minutes. Avant de démouler, laissez le cake refroidir un peu.

CAKE CAROTTES NOIX

Préparation 20 minutes
Cuisson 40 minutes

200 g de farine
2 œufs
125 g de sucre brun (vergeoise)
125 g de beurre
250 g de carottes (2 ou 3 suivant la taille)
2 poignées de cerneaux de noix
1/2 cuillerée à café de cannelle moulue
1/2 sachet de levure chimique
1/2 cuillerée à café de bicarbonate de soude
1 pincée de sel

Préchauffez le four à 180 °C.

Épluchez les carottes puis râpez-les finement. Hachez grossièrement les cerneaux de noix.

Beurrez et farinez un moule à cake.

Travaillez les œufs avec le sucre dans un saladier. Quand le mélange double de volume et devient mousseux, ajoutez peu à peu la farine et le beurre fondu. Incorporez ensuite les carottes, les noix, la cannelle et le sel. Mélangez sans lisser complètement la pâte. Incorporez délicatement la levure et le bicarbonate de soude. Versez la pâte dans le moule et enfournez aussitôt.

Faites cuire 40 minutes. Avant de démouler, laissez le cake refroidir un peu.

Idée Si vous le souhaitez, vous pouvez réaliser un glaçage au citron : mélangez 150 g de sucre glace avec 1 cuillerée à soupe d'eau très chaude et avec 3 cuillerées à soupe de jus de citron. Fouettez jusqu'à ce que le glaçage soit lisse et brillant. Nappez-en le cake, laissez sécher 15 minutes et servez.

MOELLEUX POMMES COURGETTES

Préparation 20 minutes
Cuisson 40 minutes

200 g de farine
3 œufs
180 g de cassonade
10 cl d'huile végétale
100 g de pommes râpées
100 g de courgettes râpées
2 cuillerées à soupe de cacao en poudre
50 g de chocolat noir
1 poignée de cerneaux de noix hachés
1/2 sachet de levure chimique
1/2 cuillerée à café de bicarbonate de soude
1 pincée de sel

Préchauffez le four à 180 °C.

Râpez les pommes grossièrement. Râpez les courgettes finement. Cassez le chocolat en petits morceaux : vous pouvez utiliser le mixeur, le pilon ou tout simplement taper la tablette encore emballée sur un coin de table.

Beurrez et farinez un moule à cake.

Dans un grand saladier, battez légèrement les œufs avec la cassonade et l'huile. Ajoutez progressivement les courgettes et les pommes râpées, le chocolat en morceaux, le cacao, les noix, la farine et le sel. Mélangez sans lisser complètement la pâte. Incorporez délicatement la levure et le bicarbonate de soude. Versez la pâte dans le moule et enfournez aussitôt.

Faites cuire 40 minutes environ.
Avant de démouler, laissez le cake refroidir un peu.

Note Les courgettes apportent au cake une texture très moelleuse. Choisissez des courgettes petites et fermes car elles contiennent moins d'eau.

CHAPITRE SPÉCIAL CHOCOLAT.
NOIR, BLANC OU CACAO EN POUDRE ?
À VOUS DE DÉCIDER.

CHOCOLAT BASILIC POIVRE

Préparation 20 minutes
Cuisson 40 minutes

180 g de farine
3 œufs
170 g de sucre
150 g de beurre
100 g de chocolat noir
5 cl de lait demi-écrémé
2 cuillerées à café de cacao non sucré
1 poignée de basilic frais
1/2 cuillerée de poivre de Sechuan moulu
1/2 sachet de levure chimique
1/2 cuillerée à café de bicarbonate de soude
1 pincée de sel

Préchauffez le four à 180 °C.

Faites fondre le chocolat noir avec le beurre au bain-marie ou au micro-ondes. Réduisez le poivre de Sechuan en poudre dans un mortier. Hachez finement le basilic.

Beurrez et farinez un moule à cake.

Dans un saladier, travaillez les œufs avec le sucre. Quand le mélange double de volume et devient mousseux, ajoutez peu à peu la farine, le mélange de beurre et de chocolat fondu et le sel. Ajoutez le cacao en poudre et le lait, le basilic et le poivre. Mélangez à l'aide d'une cuillère en bois. Incorporez délicatement la levure et le bicarbonate de soude. Versez la pâte dans un moule. Enfournez aussitôt.

Faites cuire 40 minutes. Avant de démouler, laissez le cake refroidir un peu.

Note Le poivre souligne l'intensité de chocolat et le basilic apporte au cake une saveur inédite.

CHOCOLAT ÉCORCE D'ORANGE

Préparation 15 minutes
Cuisson 40 minutes

180 g de farine
3 œufs
170 g de sucre
150 g de beurre
100 g de chocolat noir
5 cl de lait demi-écrémé
150 g d'écorce d'orange confite
2 cuillerées à soupe de cacao en poudre non sucré
2 cuillerées à soupe de sésame
1/2 sachet de levure chimique
1/2 cuillerée de bicarbonate de soude (facultatif)
1 pincée de sel

Préchauffez le four à 180 °C.

Au micro-ondes, faites fondre le beurre avec le chocolat coupé en morceaux. Hachez grossièrement l'écorce d'orange. Vous pouvez vous servir d'un mixeur.

Beurrez et farinez un moule à cake.

Dans un grand saladier, fouettez les œufs avec le sucre. Quand le mélange double de volume et devient mousseux, ajoutez le lait, le cacao en poudre, le mélange de beurre et de chocolat fondu, la farine et le sel. Ajoutez le sésame et l'écorce d'orange confite puis mélangez de nouveau. Incorporez délicatement la levure et le bicarbonate de soude. Versez la pâte dans le moule et enfournez.

Faites cuire 40 minutes. Avant de démouler, laissez le cake refroidir un peu.

Note Le cacao en poudre fonce magnifiquement la couleur, et le goût est plus prononcé. N'oubliez pas d'ajouter un peu de lait sinon le cake risque d'être trop compact.

IRISH WHISKY

Préparation 20 minutes
Cuisson 40 minutes

180 g de farine
3 œufs
170 g de sucre
150 g de beurre
100 g de chocolat noir
2 cuillerées à café de cacao non sucré
6 cl de crème de whisky
4 cl de whisky
1/2 sachet de levure chimique
1/2 cuillerée à café de bicarbonate de soude
1 pincée de sel

Préchauffez le four à 180 °C.

Faites fondre le chocolat avec le beurre au bain-marie ou au micro-ondes.

Beurrez et farinez un moule à cake.

Dans un saladier, travaillez les œufs avec le sucre. Quand le mélange double de volume et devient mousseux, ajoutez peu à peu la farine, le cacao en poudre, le mélange de beurre et de chocolat fondu, le sel, la crème de whisky et le whisky. Incorporez délicatement la levure et le bicarbonate de soude. Versez la pâte dans le moule et enfournez aussitôt.

Faites cuire 40 minutes. Avant de démouler, laissez le cake refroidir un peu.

Note Vous pouvez remplacer la crème de whisky par du whisky pur.
Pour ceux qui aiment la crème de whisky à la folie : préparez des portions individuelles, creusez un trou au milieu de chaque gâteau et remplissez-le avec la crème de whisky. Dégustez sans attendre !

CAKE AUX DEUX CHOCOLATS

Préparation 20 minutes
Cuisson 40 minutes

180 g de farine
3 œufs
170 g de sucre
150 g de beurre
5 cl de lait demi-écrémé
2 cuillerées à café de cacao non sucré
100 g de chocolat noir
100 g de chocolat blanc
1/2 sachet de levure chimique
1/2 cuillerée à café de bicarbonate de soude
1 pincée de sel

Préchauffez le four à 180 °C.

Cassez le chocolat blanc en morceaux. Faites fondre le chocolat noir avec du beurre au bain-marie ou au micro-ondes.

Beurrez et farinez un moule à cake.

Dans un saladier, travaillez les œufs avec le sucre. Quand le mélange double de volume et devient mousseux, ajoutez peu à peu la farine, le sel, le mélange de beurre et de chocolat fondu. Ajoutez le cacao en poudre et le lait. Mélangez. Incorporez délicatement la levure et le bicarbonate de soude. Versez la pâte dans le moule. Enfoncez des morceaux de chocolat blanc dans le cake. Enfournez aussitôt.

Faites cuire 40 minutes. Avant de démouler, laissez le cake refroidir un peu.

PÉPITES POIRES SÉCHÉES

Préparation 20 minutes
Cuisson 40 minutes

250 g de farine
1 œuf
170 g de cassonade
20 cl de lait fermenté
10 cl d'huile végétale
100 g de pépites de chocolat
2 poignées de cerneaux de noix
100 g de poires séchées
5 cl de calvados
1 pincée de cannelle moulue
1/2 sachet de levure chimique
1/2 cuillerée à café de bicarbonate de soude
1 pincée de sel

Préchauffez le four à 180 °C.

Hachez grossièrement les noix et les poires séchées. Faites macérer les poires dans le calvados le temps de préparer le cake.

Beurrez et farinez un moule à cake.

Dans un grand saladier, battez légèrement l'œuf avec la cassonade, le lait fermenté et l'huile. Ajoutez progressivement la farine, le sel, la cannelle, les noix et les poires avec le calvados. Mélangez sans lisser complètement la pâte. Incorporez délicatement la levure et le bicarbonate de soude. Versez la pâte dans le moule et enfournez aussitôt. Faites cuire 40 minutes environ.

Note Vous pouvez remplacer le lait fermenté par du lait frais en y ajoutant quelques gouttes de jus de citron.

DEUX COULEURS SE MÉLANGENT
DANS UNE HARMONIE PARFAITE.
QUE DIRE DE PLUS ?

THÉ VERT CHOCOLAT BLANC

Préparation 15 minutes
Cuisson 40 minutes

100 g de farine
80 g d'amandes en poudre
3 œufs
170 g de sucre
150 g de beurre
3 cuillerées à café de thé vert Matcha
75 g de chocolat blanc
1/2 sachet de levure chimique
1/2 cuillerée à café de bicarbonate de soude
1 pincée de sel

Préchauffez le four à 180 °C.

Faites fondre le beurre au micro-ondes ou au bain-marie. Faites fondre le chocolat blanc.

Beurrez et farinez un moule à cake.

Dans un saladier, travaillez les œufs avec le sucre. Quand le mélange double de volume et devient mousseux, ajoutez peu à peu la farine, la poudre d'amandes, le sel et le beurre fondu.

Divisez la pâte en deux parts égales. Incorporez le thé vert à la première moitié de la pâte, et le chocolat blanc fondu à la seconde. Incorporez délicatement la levure et le bicarbonate de soude. Versez les deux pâtes dans le moule en les alternant. Pour obtenir un joli effet marbré, dessinez des vagues dans la pâte à l'aide d'une fourchette. Les deux couleurs doivent se mélanger par endroits.

Enfournez et faites cuire 40 minutes. Avant de démouler, laissez le cake refroidir un peu.

TIGRÉ CHOCOLAT AMANDES

Préparation 20 minutes
Cuisson 40 minutes

180 g de farine
3 œufs
170 g de sucre
150 g de beurre
50 g d'amandes effilées
75 g de chocolat noir
5 cl de lait demi-écrémé
2 cuillerées à soupe de cacao en poudre
1/2 sachet de levure chimique
1/2 cuillerée à café de bicarbonate de soude
1 pincée de sel

Préchauffez le four à 180 °C.

Faites fondre le beurre au micro-ondes ou au bain-marie. Râpez grossièrement le chocolat.

Beurrez et farinez un moule à cake.

Dans un saladier, travaillez les œufs avec le sucre. Quand le mélange double de volume et devient mousseux, ajoutez peu à peu la farine, le sel et le beurre fondu. Divisez la pâte en deux parts égales.

Délayez le cacao dans le lait, puis ajoutez les morceaux de chocolat noir. Incorporez la préparation au cacao à la première moitié de la pâte. Incorporez les amandes effilées à la seconde. Ajoutez délicatement la levure et le bicarbonate de soude. Versez les deux pâtes dans un moule à cake en les alternant. Pour obtenir un joli effet marbré, dessinez des vagues dans la pâte à l'aide d'une fourchette. Les deux couleurs doivent se mélanger par endroits. Enfournez aussitôt.

Faites cuire 40 minutes. Avant de démouler, laissez le cake refroidir un peu.

Note Vous pouvez décorer le cake avec les amandes effilées. Dans ce cas, à la fin de la cuisson, couvrez le cake avec du papier d'aluminium pour éviter que les amandes ne brûlent.

CAKE PISTACHES CITRON

Préparation 20 minutes
Cuisson 40 minutes

80 g de farine
100 g de pistaches vertes
3 œufs
170 g de sucre
150 g de beurre
le zeste de 1 citron non traité
le jus de 2 citrons
1/2 sachet de levure chimique
1/2 cuillerée à café de bicarbonate de soude
1 pincée de sel

Préchauffez le four à 180 °C.

À l'aide d'un mixeur, réduisez les pistaches en poudre assez fine.

Beurrez et farinez un moule à cake.

Dans un saladier, travaillez les œufs avec le sucre. Quand le mélange double de volume et devient mousseux, ajoutez peu à peu la farine, le beurre fondu, le sel, le jus et le zeste de citron. Incorporez délicatement la levure et le bicarbonate de soude.

Divisez la pâte en deux parts égales. Ajoutez la poudre de pistaches à l'une des deux moitiés. Versez les deux pâtes dans un moule en les alternant. Pour avoir un joli effet marbré, dessinez des vagues dans la pâte à l'aide d'une fourchette. Les deux couleurs doivent se mélanger par endroits.

Enfournez et faites cuire 40 minutes. Avant de démouler, laissez le cake refroidir un peu.

Conseil Utilisez de préférence un moule en silicone car la poudre de pistaches peut coller sur le fond.

« ALLÉGÉ » NE VEUT EN AUCUN CAS DIRE « MOINS SAVOUREUX ». UN PEU MOINS DE SUCRE, UN PEU MOINS DE BEURRE… ESSAYEZ AUSSI LE CAKE TRÈS LÉGER QUI NE CONTIENT NI LAIT NI ŒUFS.

CAKE AUX FRUITS DE SAISON

Préparation 20 minutes
Cuisson 50 minutes

200 g de farine
2 œufs
125 g de cassonade
8 cl d'huile d'olive
2 pots de yaourt nature
200 g de mélange de fruits de saison (abricots, cerises, pêches, quetsches, mirabelles, pommes, poires, noix)
1/2 sachet de levure chimique
1 pincée de sel

Préchauffez le four à 180 °C.

Coupez les fruits en gros morceaux.

Beurrez et farinez un moule à cake.

Battez les œufs avec la cassonade, les yaourts et l'huile. Ajoutez progressivement la farine, les fruits coupés en morceaux et le sel. Gardez quelques fruits pour la décoration du cake. Mélangez sans lisser complètement la pâte. Incorporez la levure puis versez la pâte dans le moule. Décorez le dessus du cake avec les fruits et enfournez aussitôt.

Faites cuire 50 minutes. Avant de démouler, laissez le cake refroidir un peu.

Note Vous pouvez utiliser pratiquement tous les fruits de saison.

CAKE AUX FRUITS ROUGES

Préparation 20 minutes
Cuisson 50 minutes

100 g de farine complète
100 g de farine
3 œufs
125 g de cassonade
80 g de beurre fondu
1 pot de yaourt nature
300 g de mélange de fruits rouges
1/2 sachet de levure chimique
1 pincée de sel

Préchauffez le four à 180 °C.

Faites fondre le beurre au micro-ondes.

Beurrez et farinez un moule à cake.

Dans un grand saladier, fouettez les œufs avec la cassonade. Quand le mélange double de volume et devient mousseux, ajoutez peu à peu les deux farines, le yaourt, le beurre fondu et le sel. Ajoutez les fruits rouges et donnez deux tours de cuillère en bois. Attention à ne pas trop écraser les baies. Incorporez délicatement la levure puis versez la pâte dans le moule et enfournez aussitôt.

Faites cuire 50 minutes. Avant de démouler, laissez le cake refroidir un peu.

CAKE MYRTILLES CITRON

Préparation 20 minutes
Cuisson 50 minutes

250 g de farine
3 œufs
170 g de sucre
125 g de beurre fondu
200 g de fromage blanc égoutté
200 g de myrtilles (fraîches ou congelées)
le zeste de 1 citron
le jus de 1 citron
1 sachet de levure chimique
1 pincée de sel

Préchauffez le four à 180 °C.

Si vous utilisez des myrtilles congelées, laissez-les décongeler. Veillez à ce qu'elles restent assez fermes, sinon vous allez les réduire en purée en les incorporant à la pâte.

Beurrez et farinez un moule à cake.

Battez les œufs avec le sucre. Quand le mélange double de volume et devient mousseux, ajoutez peu à peu la farine, le beurre fondu, le jus et le zeste de citron, le fromage blanc et le sel. Ajoutez les myrtilles. Attention à ne pas les écraser en mélangeant. Incorporez délicatement la levure. Versez la pâte dans le moule et enfournez.

Faites cuire 50 minutes. Avant de démouler, laissez le cake refroidir un peu.

CAKE AUX GROSEILLES

Préparation 20 minutes
Cuisson 40 minutes

200 g de farine
100 g de flocons d'avoine (type Quaker)
2 œufs
150 g de cassonade
20 cl de lait fermenté (au rayon frais ou dans les épiceries orientales)
10 cl d'huile végétale
150 g de groseilles (fraîches ou congelées)
100 g d'écorce d'orange confite
1 pincée de cannelle moulue
1/2 sachet de levure chimique
1 pincée de sel

Préchauffez le four à 180 °C.

Hachez grossièrement l'écorce d'orange confite.

Si vous utilisez des groseilles fraîches, lavez-les et égrappez-les. Si vous utilisez des groseilles congelées, décongelez-les, mais veillez à ce qu'elles restent assez fermes.

Beurrez et farinez un moule à cake.

Dans un grand saladier, battez légèrement les œufs avec la cassonade, le lait fermenté et l'huile. Ajoutez progressivement la farine, les flocons d'avoine, le sel, les morceaux d'écorce d'orange confite, les groseilles et la cannelle. Mélangez sans lisser complètement la pâte. Incorporez délicatement la levure. Versez la pâte dans le moule et enfournez aussitôt.

Faites cuire 40 minutes.

Variante Vous pouvez remplacer les groseilles par des airelles (canneberges).

CAKE TRES LEGER

Préparation 20 minutes
Cuisson 50 minutes

80 g de farine
5 blancs d'œufs
140 g de sucre
30 g de beurre fondu
150 g de fruits confits (de bonne qualité de préférence)
1 poignée de cerneaux de noix
1/2 sachet de levure chimique
1 pincée de sel

Préchauffez le four à 180 °C.

Coupez les fruits confits en petits dés. Hachez grossièrement les noix.

Beurrez et farinez un moule à cake.

Montez les blancs d'œufs en neige avec une pincée de sel. Continuez à battre en ajoutant progressivement le sucre. Arrêtez lorsque les blancs d'œufs deviennent très fermes.

Ajoutez le beurre fondu, la farine, les noix et les fruits confits. Mélangez. Incorporez délicatement la levure chimique. Versez la préparation dans le moule et enfournez aussitôt.

Faites cuire 50 minutes. Avant de démouler, laissez le cake refroidir un peu.

CAKE À L'ANANAS

Préparation 20 minutes
Cuisson 40 minutes

200 g de farine
100 g de flocons d'avoine (type Quaker)
2 œufs
170 g de sucre brun
20 cl de lait fermenté (au rayon frais ou dans les épiceries orientales)
10 cl d'huile d'olive
1/4 d'ananas frais ou congelé
1 pincée de cannelle moulue
1/2 sachet de levure chimique
1 pincée de sel

Préchauffez le four à 180 °C.

Si vous utilisez de l'ananas frais, coupez-le en petits morceaux. Si vous utilisez de l'ananas congelé, décongelez-le sans le laisser ramollir.

Beurrez et farinez un moule à cake.

Dans un grand saladier, battez légèrement les œufs avec le sucre, le lait fermenté et l'huile. Ajoutez progressivement la farine, les flocons d'avoine, le sel, les morceaux d'ananas et la cannelle. Gardez quelques morceaux d'ananas pour la décoration. Mélangez sans lisser complètement la pâte. Incorporez délicatement la levure puis versez la pâte dans le moule. Déposez les morceaux d'ananas restants sur toute la surface de cake. Enfournez.

Faites cuire 40 minutes environ.

Note Vous pouvez aussi utiliser de l'ananas en sirop.

CAKE AUX FRUITS DE VERGER

Préparation 20 minutes
Cuisson 50 minutes

200 g de farine d'épeautre
100 g de flocons d'avoine (type Quaker)
2 œufs
150 g de sucre
10 cl d'huile végétale
20 cl de lait fermenté
200 g de mélange de fruits coupés en morceaux (pêches, abricots, pommes, poires)
1 poignée de noix hachées
1/4 de cuillerée à café de cannelle moulue
1/4 de cuillerée à café de gingembre moulu
1/2 sachet de levure chimique
1 pincée de sel

Préchauffez le four à 180 °C.

Beurrez et farinez un moule à cake.

Dans un saladier, battez les œufs avec le sucre, le lait fermenté et l'huile. Ajoutez la farine, les flocons d'avoine et le sel. Ajoutez les noix, la cannelle, le gingembre et les fruits coupés en morceaux. Gardez-en quelques-uns pour la décoration. Mélangez sans lisser complètement la pâte. Incorporez délicatement la levure puis versez la pâte dans le moule. Disposez les fruits sur le cake et enfournez. Faites cuire 50 minutes.

CAKE POIRE GINGEMBRE

Préparation 20 minutes
Cuisson 40 minutes

200 g de farine
100 g de flocons d'avoine (type Quaker)
2 œufs
150 g de sucre
20 cl de lait fermenté (au rayon frais ou dans les épiceries orientales)
10 cl d'huile d'olive
1 grande poire ou 2 petites
1/2 cuillerée à café de gingembre moulu
1/2 cuillerée à café de curcuma moulu
1/2 sachet de levure chimique
1 pincée de sel

Préchauffez le four à 180 °C.

Coupez la poire en petits morceaux sans l'éplucher.

Beurrez et farinez un moule à cake.

Dans un grand saladier, battez les œufs avec le sucre, le lait fermenté et l'huile. Ajoutez progressivement la farine, les flocons d'avoine, le sel, les morceaux de poire, le curcuma et le gingembre moulu. Donnez deux tours de cuillère en bois. Ne lissez pas complètement la pâte. Incorporez la levure. Versez la pâte dans le moule et enfournez. Faites cuire 40 minutes environ.

ET MAINTENANT, ON MÉLANGE TOUT CE QUI RESTE DANS LE PLACARD POUR GARNIR LES CAKES ! MIEL, CONFITURE, CAFÉ SOLUBLE, CHICORÉE, UNE PINCÉE DE CANNELLE, UNE POIGNÉE D'AMANDES EFFILÉES OU DE CACAHUÈTES… TOUT VA Y PASSER. ON FAIT AVEC LES MOYENS DU BORD !

À LA CONFITURE D'ORANGES

Préparation 20 minutes
Cuisson 50 minutes

180 g de farine d'épeautre (ou de la farine blanche)
3 œufs
100 g de sucre brun
150 g de beurre fondu
4 cuillerées à soupe de confiture d'oranges amères (avec le zeste)
1 poignée de cerneaux de noix hachés
1/2 sachet de levure chimique
1 pincée de sel

Préchauffez le four à 180 °C.

Beurrez et farinez un moule à cake.

Dans un saladier, fouettez les œufs avec le sucre jusqu'à ce que le mélange devienne mousseux. Ajoutez la farine, le beurre fondu et les noix. Incorporez la confiture sans la dissoudre complètement dans la pâte. Incorporez la levure. Versez la pâte dans le moule.

Enfournez pour 50 minutes. Avant de démouler, laissez le cake refroidir un peu.

CAKE AU ROMARIN

Préparation 15 minutes
Cuisson 40 minutes

100 g de farine complète
100 g de farine
3 œufs
170 g de sucre
12 cl d'huile d'olive
3 branches de romarin
1/2 sachet de levure chimique
1 pincée de sel

Préchauffez le four à 180 °C.

Effeuillez le romarin et hachez-le grossièrement.

Beurrez et farinez un moule à cake.

Dans un grand saladier, battez légèrement les œufs avec le sucre et l'huile d'olive. Ajoutez progressivement les deux farines, le romarin et le sel. Mélangez sans lisser complètement la pâte. Incorporez délicatement la levure puis versez la pâte dans le moule et enfournez.

Faites cuire 40 minutes. Avant de démouler, laissez le cake refroidir un peu.

QUATRE-QUARTS AU CURCUMA

Préparation 15 minutes
Cuisson 40 minutes

180 g de farine
3 œufs
180 g de sucre
180 g de beurre fondu
1 cuillerée à café de curcuma moulu
le jus de 2 citrons
le zeste de 1 citron
1/2 sachet de levure chimique
1 pincée de sel

Préchauffez le four à 180 °C.

Beurrez et farinez un moule à cake.

Dans un grand saladier, fouettez les œufs avec le sucre. Quand le mélange double de volume et devient mousseux, ajoutez peu à peu la farine, le sel et le beurre fondu. Ajoutez le curcuma, le jus et le zeste de citron. Incorporez délicatement la levure. Versez la pâte dans le moule et enfournez.

Faites cuire 40 minutes. Avant de démouler, laissez le cake refroidir un peu.

CAKE MIEL CITRON THYM

Préparation 20 minutes
Cuisson 50 minutes

250 g de farine
3 œufs
50 g de sucre
120 g de miel (3 ou 4 cuillerées à soupe bien pleines)
60 g de beurre
le jus de 2 citrons
le zeste de 1 citron
1 poignée de thym frais (ou romarin, ou basilic)
1/2 sachet de levure chimique
1/2 cuillerée à café de bicarbonate de soude
1 pincée de sel

Préchauffez le four à 180 °C.

Faites fondre le beurre au micro-ondes. Hachez finement le thym.

Beurrez et farinez un moule à cake.

Dans un saladier, travaillez les œufs avec le sucre et le miel. Quand la préparation double de volume et devient mousseuse, ajoutez peu à peu la farine, le beurre fondu, le zeste et le jus de citron. Ajoutez le thym. Mélangez. Incorporez délicatement la levure et le bicarbonate de soude. Versez la pâte dans le moule. Enfournez.

Faites cuire 50 minutes. Avant de démouler, laissez le cake refroidir un peu.

CAKE AUX DEUX CAFÉS

Préparation 15 minutes
Cuisson 50 minutes

180 g de farine
3 œufs
170 g de sucre
150 g de beurre fondu
3 cuillerées à soupe de café soluble (granulé)
1 cuillerée à soupe de café moulu
le zeste de 1 orange
1/2 sachet de levure chimique
1 pincée de sel

Préchauffez le four à 180 °C.

Beurrez et farinez un moule à cake.

Dans un saladier, travaillez les œufs avec le sucre. Quand le mélange double de volume et devient mousseux, ajoutez peu à peu la farine et le beurre fondu. Ajoutez le zeste d'orange et les deux cafés. Incorporez délicatement la levure. Mélangez. Versez la pâte dans le moule et enfournez aussitôt.

Faites cuire 50 minutes. Avant de démouler, laissez le cake refroidir un peu.

CAKE AMANDES CHICORÉE

Préparation 15 minutes
Cuisson 50 minutes

100 g de farine
100 g d'amandes en poudre
3 œufs
170 g de sucre
150 g de beurre fondu
3 cuillerées à soupe de chicorée soluble
1 poignée d'amandes effilées (50 g)
1/2 sachet de levure chimique
1 pincée de sel

Préchauffez le four à 180 °C.

Faites fondre le beurre au micro-ondes ou au bain-marie.

Beurrez et farinez un moule à cake.

Dans un saladier, travaillez les œufs avec le sucre. Quand le mélange double de volume et devient mousseux, ajoutez peu à peu la farine, les amandes en poudre, le beurre fondu, les trois quarts d'amandes effilées (gardez le reste pour la décoration), la chicorée et le sel.

Incorporez délicatement la levure. Mélangez. Versez la pâte dans le moule et saupoudrez d'amandes effilées. Enfournez aussitôt.

Faites cuire 50 minutes environ. Avant de démouler, laissez le cake refroidir un peu.

Note Pour garder la belle couleur blanche des amandes effilées, couvrez le cake avec du papier d'aluminium au bout de 15 minutes de cuisson.

CAKE ANISÉ

Préparation 15 minutes
Cuisson 50 minutes

250 g de farine
3 œufs
180 g de sucre
150 g de beurre fondu
6 cl de pastis
1 cuillerée à café de graines d'anis vert moulues
1/2 sachet de levure chimique
1 pincée de sel

Préchauffez le four à 180 °C.

Beurrez et farinez un moule à cake.

Dans un saladier, fouettez les œufs avec le sucre jusqu'à ce que le mélange devienne mousseux. Ajoutez peu à peu la farine, le sel, le pastis et le beurre fondu. Ajoutez l'anis moulu. Mélangez. Incorporez délicatement la levure puis versez la pâte dans le moule.

Enfournez pour 50 minutes environ. Avant de démouler, laissez le cake refroidir complètement.

LES ANNEXES

TABLE DES RECETTES

INDEX

CARNET D'ADRESSES

AU FIL DES COULEURS
31, rue de l'Abbé Grégoire 75006 (01 45 44 74 00)

BHV
52, rue de Rivoli 75004 (01 42 74 90 00)

DESIGNER'S GUILD
10, rue St Nicolas 75012 501 44 67 80 70)

FLAMANT HOME INTÉRIORS
8, rue de Furstenberg 75006 (01 56 81 12 40)

HABITAT
0800 010 800

HOME AUTOUR DU MONDE
8, rue des Francs Bourgeois 75003 (01 42 77 06 08)

IKEA
www.ikea.fr

ISKANDAR
10, rue de l'Abbaye 75006 (01 43 25 18 20)

LE BON MARCHÉ RIVE GAUCHE
24, rue de Sèvres 75007 (01 44 39 80 30)

MONOPRIX
www.monoprix.fr

Secrétariat d'édition : Natacha Kotchetkova
Mise en page : emigreen.com
Relecture-correction : Véronique Dussidour

© marabout 2006
ISBN : 978-2-501-04895-8
Dépôt légal n° 80511 - Novembre 2006
Codification : 4098281/02
Imprimé en Espagne par Graficas Estella